Investment

Investment

我炒的是人生，不是股票！

運用投機者的脫貧思維，
打造屬於你的自由人生

Margin
Call

葛瀚中 ——— 著

CONTENTS
////////// 目錄

| 第 1 部 | 每段際遇都可能是翻轉的開始

有時候,際遇是種神奇的東西。
當你站在十字路口徘徊時,
會冷不防地給你一腳,把你踹向該去的地方。

| 第 2 部 | **騙子很多，傻瓜更多**

整個市場裡可能有一半以上的人都有這種認知偏誤。
不是他們不願意承認自己的錯誤，
是他們真的發自內心覺得：「只要沒賣就不算賠」。

第 3 部 | **創造屬於自己的策略**

每種交易策略的風險程度與獲利能力都不相同，沒有絕對的好壞。
在交易這條道路上，學會「創造自己的策略」
遠比「執行他人的策略」來得更重要。

| 第 4 部 | **沒有下班時間的工作：專職交易**

很多人覺得炒股能賺很多錢，
所以前仆後繼地想進入這個市場試試手氣。
但他們不知道的是，光鮮亮麗的背後有著多少辛酸血淚。

在最壞的時機，
看到最好的一本書

〈 李堯勳 〉

　　已經好久好久沒遇到一本書，能讓我不由自主地一頁一頁翻下去，以至於忘了時間的流逝！自由人由於眼疾，近年來鮮少靜下心來看書，特別是交易的書籍，而台灣交易者所寫的書，我往往翻了幾頁，就不想再看下去！大概都是千篇一律的看圖說故事，無法寫到交易者的內心深處！

　　際遇是一個很奇妙的東西，如果作者年輕的時候沒有遇到謝先生，自由人沒遇到張董，或許就不會接觸交易，也不可能成為專職交易者！如果讀者有幸看到這本書，它很可能為你開啟人生的另一扇窗，如同我年輕的時候，看到張董的書；作者看到我寫的《台指當沖交易》！

　　一個年近半百的交易人遇到一個而立之年的交易人！作者 30 歲之際竟然可以領悟，我花了 20 年才洞悉的交易市場，這個成功絕對不是偶然，他背後所付出的努力一定遠遠超過一般人。專職交易人所經歷的酸甜苦辣，絕對不是一般人能夠想像的，唯有身處其中，你才能感受！

我與作者可說是忘年之交，在幾次的談話中，我知道他是一個非常有料的專職交易人。聚會時我會關心一下他的近況，他總是說最近做得不好，我也是哈哈一笑！正常正常！我也做得不好！

　　2022 年是通膨的年代，我們有幸遇到了，人生難得一見的空頭市場。這是最壞的時機，卻是最好的機會！能在最壞的時機，看到最好的一本書，只要你領悟了書中的一句話，3 ～ 5 年後，你的財富將會倍數翻！

（本文作者為知名交易部落客、專職操盤手「自由人」）

少年英雄轉化成市場長青樹

〈張君銘〉

常常看到很多網路評論，用很負面的觀點去看像小葛這樣年輕就在市場上取得一定成績的年輕好手，例如：「對帳單是假的」「沒見過空頭行情」「風口上的豬」等等，讓少年股神這個名詞變成了貶義詞。

但近一點觀察小葛，首先會發現他為了能取得交易上的成功，並不是等出社會找工作時才進入股市，而是在學生時代就定下方向，並且累積實單及工作經驗。

面對交易，他積極去接觸不同類型、各種看似成功的投資人，但不一味相信，而是去思考他人的成功因素。

就自身經驗，股市走勢並不是隨機產生，長期參與市場不斷交易並能一直獲利的投資人，更少是隨機產生的結果；多數成功的交易者，常常會思考自己的優勢是什麼，去確認自己的優勢是不是持續存在、確認優勢存在後，相對應自身優勢，決定策略。做好一部分，再去探索更多的優勢⋯⋯，如此不斷地循環，結果就如同書裡說的，交易是職業交易者「無法下班的工作」，交易和自己的生活緊密結合。

很榮幸能為小葛的新書寫推薦序，這本書是一個有主見的年輕人思考人生，並逐步落實的內心紀錄。

　　　　　　　　　　　　　　　　（本文作者為雋寬資本創辦人）

　我炒的是人生，不是股票！

不求財富自由的捷徑，
但求成功交易者的思維

〈 李兆益 〉

「今天有什麼指教？」

幾乎每個交易日，我都用上面那句話開始我們盤中的閒聊。

我們時常在盤中討論交易的不同看法，即使認識時間不長，但聊起來卻感覺非常熟稔。

看完這本書發現，原來我們走過的路、看事情的思維如此相似。本書敘述小葛從撞球店打工開始，偶然進入金融市場，到見過的各種奇聞軼事，最後將其交易的種種思維方式如實告訴大家。敘事手法生動又淺顯易懂，絕對是一本有志成為職業交易者或還在股海中迷茫的人必讀的好書。

書中將他走過的各種冤枉路帶著詼諧的方式呈現給讀者，舉凡聽小道消息、追逐投顧名牌，到後來凹單者的思維方式、花錢上課來尋找交易聖盃的迷思，看完這幾章節可以少走非常多的冤枉路。

對於嚮往成為專職交易者的人，小葛將自己從學校模擬

交易開始，到後來的自營部工作經驗與完全專職，不修飾地直接呈現給各位讀者，看完後可以更瞭解業界生態，提前做好生涯規劃。

在本書中，看不到坊間那種流量密碼式的殺人標題（如：我靠這招1年賺千萬、每天交易5分鐘你也可以財富自由），只會看到作者忠實呈現交易會面對的各種情境，同時仔細剖析各種心態的原因。這裡沒有直接暴富的財富自由捷徑，但卻可以學會成功交易者的思維方式。如荀子所說：「能積微者速成」，唯有成功的思維，並持續努力累積自己的實力，才是真正通往成功的捷徑。

「今天有什麼指教？」想問的不是今天有什麼單可以跟，而是想要交流彼此的交易思維，互相砥礪成長，而這本書正是小葛送給各位讀者最好的「指教」！

（本文作者為雋寬資本執行長）

貧富差距不斷擴大的環境中，
靠向富人端的唯一途徑

〈愛德恩〉

　　我 2020 年開始做節目，常常要想來賓名單。某天《財訊》雜誌跳出〈8 年級生 5 年賺 2000 萬〉的標題，讓我對這位年輕人非常好奇，覺得這種獲利數字發生在 8 年級生身上相當值得敬佩。於是我主動私訊葛瀚中的臉書專頁，邀請餐敘交流以及請教來上我節目的意願，我們就這樣認識了。

　　一頓晚餐可以了解的尚屬表面，但透過這本書，我深刻了解到瀚中的成長過往以及他成為市場贏家的原因。我在瀚中身上看到真實翻轉人生案例，從在撞球場打著時薪 105 元的工，一個月賺 1、2 萬開始，到今年剛滿 30 歲但一天損益波動可以到 7 位數。除此之外，或許是因為永遠對市場保持著謙卑，瀚中也不像一般年輕人愛面子或是害羞，常常主動虛心請教，於是遇到他生命的一個貴人謝先生（書中有詳細的相遇細節），並且大幅度改變了他的人生。

▣ 透析規則，戰勝規則

　　作者跟我不同的地方是，他完全沒有進入職場。

　　看著遙遠的夢想清單，明白當今資本結構憑藉著剛畢業的薪水，不吃不喝10年只能勉強購入國產車，於是葛瀚中顛覆了老一輩的刻板印象：一個成功的人就是不要讓父母擔心，乖乖念完書並且找到一份安穩的工作。一畢業即選擇一條極度難走的專職交易路，靠著加倍努力在市場存活下來。

　　書中對於他的研究有多面向且深入的分享，從抽象的人性分析，到具體的輸贏損益管理、建置交易邏輯、創造交易策略等等，透過經驗的累積，提高成為贏家的勝率。

　　幾年前我還在外資工作，那時候大盤正在走空頭，有條新的證交所規定上線：緊縮融券借券餘額張數的限制來控制市場的賣壓。我們有支程式是用來幫外資客戶搶當日借券餘額（outstanding short），利用電腦不斷送出委託來獲得多一點券，以便客人在市場上增加空單曝險。

　　那時候我就覺得很奇怪，為什麼總是有人可以從我手中把我掛在漲停的券拿走。我每次取消想要在市場裡執行的那短短不到一秒的時間，配額總是被別人搶走。看完書之後才知道，原來幾年前葛瀚中就已經寫程式在跟我們競爭。一般人可能還在抓頭，覺得這跟我有關係嗎？但作者卻用打破砂鍋挖到底的個性，不斷徹底研究遊戲規則，幫助他在不同市場環境、價格行為下找到獲利的機會，令人敬佩。

瀚中與我有很多相似之處：都是白手起家、沒有家人金援、遇到貴人改變我們的命運。如果您的生命貴人尚未出現，本書瀚中的看法、經驗、策略相當有機會改變您的命運。

（本文作者為前外資券商副總）

集耐心、紀律、智慧於一身
的專職交易人

〈 Remus 〉

　　很開心又有一位海龜同事將成功故事分享給大家，如書中 Mgk 所講，在社會快速進步下，一般人要翻身的機會也愈發困難，「躺平族」這個詞彙，體現出年輕世代對現實社會的無力感。而投資，雖是凶險之地，卻給予年輕人更多翻轉社會階層的機會。

　　Mgk 與我的團隊都深信，投資除了獲取金錢，也要能豐富視野，讓生活有更佳的體驗，這也是雷老闆團隊設立公司的另一目標：希望能將前輩傳承給我的思維，再傳承給下一輩，並推廣到一般民眾，相信這點也在 Mgk 書中能找到共鳴。

　　本書所述是 Mgk 自身投入專職交易人的經歷，書中一些「人生小故事」引人入勝地描述了交易世界中的眉眉角角。想必能為讀者，或是想進入我們這行的投資素人，釐清更多認知與思考，甚至是對人生規劃有些啓發。

　　就像 Mgk 說的「我炒的是人生」，投資是一輩子的事，

若要做到專職更不是表面所見般容易。我們的工時不僅僅是開盤 9：00 ～ 13：30 短短 4 個半小時，下午要前往竹科、台中、台南、高雄拜訪上市櫃公司，交易面則是需要跟同業討論策略進行修改，晚上回家還要整理下午訪談筆記、撰寫報告，睡前可能要再做一些功課準備明天的交易方向。所有的一切都需要耐心與紀律不斷堆疊，才能增進投資上的智慧，我們工作時間相對自由，那是因為我們「自行決定何時要做什麼事」，為自己的人生負責、打造自由人生。

（本文作者為「雷老闆股耐」版主）

你的野心，決定你的報酬率

〈麥克風〉

　　擊敗大盤是一件很困難的事，統計數字很清楚地告訴我們，多數人花時間研究市場主動操作，卻獲得劣於市場的報酬，因此不如單純將資金投入指數型基金，獲取長期市場的報酬就好；那些在多頭大發利市的短線少年股神，多數無法撐過空頭循環，且越密集交易，只會產生越高的交易成本，等於自己主動把獲利難度提高；號稱有專業經理人與研究團隊管理的基金，整體來說無法擊敗大盤，內扣成本長期累積下來，對績效的損害遠比你以為的大。

　　以上這些都言之成理，但包含我自己在內，依舊有許多人以超越指數為目標努力著。

　　我的目標只是希望長期年化報酬率能贏過大盤幾個百分點，且一度以為這是個相當有野心的目標。但隨著年紀漸長，認識的高手與聽過的手法越來越多，才發現自己當年不過是井底之蛙。雖然資金胃納量有大有小，但市場其實經常有機會可以在短期內賺上幾十甚至幾白趴，只是看你有沒有能力發現並掌握而已。

▣ 掌握規則，局限獲利的其實只有額度

看完這本書你學不到任何市場上的必勝法則，因為從來就沒有在任何環境下都穩賺的方法，有許多甚至是一閃即逝的機會財。但你可以從書中的故事，了解到「掌握規則」的重要性，許多的獲利機會就是從規則的漏洞當中產生的。

舉個書中沒提到的例子，當年元大跟街口原油正二 ETF 申購時，折價高達數十趴，也就是你只要有本事搶到，然後預先把申購到的單位在市場上放空對沖，就可以在幾天內「穩賺」幾十趴。市場上也有人以類似的邏輯，穩定地藉由新上市與現增股票的差價來套利。

短線操作亦然，只要能找到穩定獲利的方式，不論是賺幾個 tick 就跑的帽客、或者日內短波段，局限你獲利的其實是額度，而非資金大小。市場上多的是靠著 5、6 位數的小資金，在幾年內沖到 7、8、9 位數的故事。當然這些人在掌握到財富密碼之前，可能已經繳了非常多學費。一位成功者背後，恐怕有無數無法撐到開花結果的失敗者。但我也敢挺肯定地說，這類短線交易者的傲人報酬，運氣成分遠比選到並重押某幾檔十倍百倍股暴賺來得低。

▣ 市場在變，要成功的心理素質得不變

從市場上撈錢的手法人人各有不同，市場不斷地變，過去有效的方法，未來很可能會失效，但是在市場成功需要的心理素質和思維方式卻是恆常的。

頂尖的市場交易者，其實有點類似撲克高手與圍棋高手的綜合體，無時無刻不在與隨機性做鬥爭，隨著盤面的變化不斷修正調整自己的決策；在尋找聖盃的過程中，也會一步步深入自己的內心，了解自己適合怎樣的操作模式。與其他領域高手的不同點在於，報酬並非比賽獎金，而是跟市場提領，而且幾乎沒有上限。

而我覺得參與市場最美妙的是，就算最後發現自己不適合，只要採取第一段的做法，最終還是可以擊敗大部分的參與者。

雖然我自己不建議任何人做短線交易，但如果你野心跟作者 Mgk 一樣大，希望從市場藉小本賺大利，這本書會是挺有趣的敲門磚，應該可以讓你少走不少冤枉路，增加你最終成功的機會。

（本文作者為知名投資部落客、《麥克風的股市求生手冊》作者）

那些年，初踏入市場的困惑

〈CHENGWAYE〉

　　初以爲閱畢後，可以一窺作者葛瀚中（小葛）如何在這幾年從無到有，但本書更像是一位手提油燈的領路人，帶領後進少走冤枉路，因爲本書不厭其煩地提點初踏入市場會有的困境與疑惑，怕新人浪費了時間與金錢。如此的熱心與善意，直接擄獲本人的讚。

　　若是新人，這位領路人想節省你大量的時間；若是老手，這位領路人能讓某些茅塞提早頓悟；若是高手，這位領路人定能讓你會心一笑，因爲回想起那些年，原來都曾有過相同的抉擇。

　　比如書中提到的「富人靠報酬率，窮人靠周轉率」，對於從大學就打工跟家教的自己來說，也是深有同感。因爲大學時期的小資金只能操作權證，所以看中了隔日沖的周轉率。

　　權證的特性是時間很貴，所以就把操作目標鎖定在現股波動放人的股票，來做隔日沖到隔 2 日沖到隔 3 日沖（以乖離率與型態爲核心概念）。交易中期除了隔日沖外，碰上股

期開始熱門，那時候也非常熱中在熱門股 TICK TRADE。交易中後期資金略有所成，開始順著族群的勢交易，但也仍不脫離高周轉率這個核心。而以自己實際認識的一些白手起家交易人（或曾經是交易人），多數前輩是靠著短線交易崛起，少數高手則是靠槓桿後的多空平衡降低風險來獲利，而極少數是開著槓桿，純方向單做起來之後收手（當然槓桿之後受傷的也所在多有）。

又或是作者提到的資產淨值觀念，我也時常對一些朋友提及。因為太多人相信不賣不算賠，然而就是這種心態，才會放任一些不利的部位持續在投資組合中。若是窠臼在所謂「套牢」，那是永遠不可能汰弱留強的；但若是利用資產淨值的觀念，每天計算自己的資產賺賠，就會懂得去除不利的部位，改建立有利的部位，才能提升對整體市場的視野，也才可能走向多策略交易，平滑自己的淨值曲線並同時減少淨值的回檔幅度。

本人很相信想法決定成就這件事，很喜歡本書作者摘錄的一句話：「成功者，先相信後看見；普通人，先看見後相信；失敗者，看見了都不信。」因為會懷念起當初年少輕狂開啟專職交易的日子，恰巧碰上了被動元件元年，倘若當時不趁自己年輕試一把，又豈能在後續這幾年大行情中幸運地全心全力投入。（感謝當初工作的主管支持，否則恐怕會更晚才有勇氣嘗試。）

更感謝本書作者，邀請小弟幫他的新書寫序，誠屬榮幸。

（本文作者為 PTT Stock 版 chengwaye）

讓有實戰經驗的贏家，
指引在交易中迷茫的你

〈鄭詩翰〉

　　很開心能爲 Mgk 寫推薦序，我常笑說他是我們孝廉幫的公關長，個性幽默詼諧、爲人非常謙虛，只有聽到他在喊賠錢盤難做，但過幾日績效曲線又再度創新高。

　　特別選在 2022 空頭年出版書籍，眞的是非常勇敢，除了整理自己的投資成果，也造福仍在股海浮沉的投資人。很開心 Mgk 如今能開花結果，出書把自己的投資經歷、方法和理念與我們分享。

　　我們同爲 8 年級生，共同把熱情投入追求實現財富自由的道路上。因爲前幾年股市狂熱，檯面上的投資理財書籍琳琅滿目，但眞正有實戰經驗的贏家卻屈指可數，這本書就是少數中的經典，把新手必學的投資大小事，全部在這本書裡傳達給讀者，堪稱新手遇上交易迷茫時的投資啓蒙書。

▣ 每段故事，都有一個獲利方程式

　　我非常喜歡作者以淺顯易懂的自身小故事，來向讀者分享至關重要的投資錦囊，每一個小故事的組成，最終成為作者的獲利方程式。

　　例如 1-3 的標題「富人靠報酬率，窮人靠周轉率」，這個觀念讓我印象非常深刻。結論是平凡人本金小，需要靠不斷在市場承擔風險追求利潤；但富豪已經有足夠資本，只須培養精準眼光做好資產多元分配，最終僅追求平均年化報酬率。

　　剛進投資市場時，新手往往想追求短期高報酬的投資，很容易遇上資金控管不佳而黯然離開市場的窘境，但這就是窮人必經之路。坊間書籍或檯面上的財經專家都說要做好資金控管，賺到錢放入口袋才是真的。但如果是個保守型的投資人、本金僅有 10 萬的小資族，不承擔相對大的風險卻選擇每年 5% 殖利率的低風險存股，究竟要多久才能賺到一桶金呢？

　　這就是現實與實務的悲哀，我很慶幸當初有放手一搏，現在才能有相對好的表現。

▣ 看一本書，成就未來的自己

從研究所畢業退伍後，我就開始專注於投資操作上，認眞把交易當作一份事業來經營。除了成就自己，也希望造就他人，因此爲了深耕下一代的理財教育，我在淡江大學等多所大專院校任教、創立社團，分享正確的投資理財觀。每當有好書時，都會在課堂上推薦學生閱讀，主要是讓大家養成閱讀的好習慣。

我認同看書學習是 CP 值最高的一項投資，因爲你只需要 2、3 小時就能看完一本書，但那本書可能是作者花了一整年寫出來的結晶，也是作者交易生涯中的經驗傳承。

尤其我認爲學習投資必須趁早，不是要實現年輕人發大財，而是要在資金不多時培養正確理財觀，這對日後生涯發展有很大的幫助，可以提早投其所好，而不是靠工作決定自己的人生方向。人的一生從 20 歲離開學校到 60 歲退休，這最精華的時間，可以選擇像翻日曆般平順度過，或積極地把握提升自我的任何機會。

你想要成爲未來什麼樣的自己，現在你就做什麼樣的選擇！

▣ 穩賺不賠的投資，就是投資自己

投資至今有多少人能堅持到最後？

投資就像場馬拉松，我們都是參賽者，過程有人快有人慢，有先進與後進者，但只有回到終點的人才能稱為贏家。

我想能堅持下來的人不多，但我與作者卻還能繼續在市場學習，因為我們始終相信：「比你厲害的人比你還努力。」和勤奮的人在一起，你不會懶惰；和積極的人在一起，你不會消沉。投資市場充滿無限機會與人人平等，投資最重要卻是最簡單的法則：「想辦法活下來，並與成功的人一起走下去。」

上班 8 小時，決定你現在的成就；下班 8 小時，決定你未來的成就。

預祝讀者們能從本書中找到黃金，投資未來更順心！

（本文作者為「年輕人的投資夢」臉書社團版主、
淡江大學財金系兼任講師、《完勝可轉債千萬這樣賺》作者）

想脫貧？想自由？
這就是你應該閱讀的書！

〈馮震凌〉

　　首先，要恭喜 Mgk，在而立之年，出版了個人操盤生涯的第 1 本書。能受邀幫 Mgk 寫本書的推薦序，本人倍感榮幸。

　　回想和 Mgk 相識的過程，也挺有趣的，由於我們共同推薦了一些財經類的相關書籍，得知他的 FB 粉專「Mgk 的投機世界——炒股、生活、美食」，看到有許多媒體關於他的報導，才知道原來 Mgk 除了是位少年股神以外，還是一位曾經靠「絕殺拱九」奪下 104 學年度大專盃撞球亞軍的少年球神。而國、高中時期也非常熱愛打撞球的我，當時在心中燃起了重拾球桿的火苗，私訊了他的粉專相約打球。也就打從那時候開始，幾乎每周收盤後，我們都會找時間，和同為專職交易的朋友一起追分、聊天、互相交流，排解了許多白天交易所承受的巨大壓力。

　　剛拿到書稿的當下，本來想先隨意翻閱就好，沒想到看了第 1 章後，越看越起勁，順勢地一口氣將全文看完，看的

速度會這麼快，主要是書中生動寫實的文字，咀嚼起來十分有感觸。內容不僅記錄了 Mgk 交易生涯的辛酸血淚史，有滿多段落相信也是不少交易人小時候共同的經歷與心聲。例如：聽信親戚朋友們的消息買股票、看第四台投顧老師猜便利貼下面的飆股、到處參加券商舉辦的股票講座求明牌、報名各種要價不菲卻無用的股票教學課程等等。

Mgk 在書中提到，「富人靠報酬率，窮人靠周轉率」這句話顛覆了他對股票市場的思維，我個人也非常同意。因為除了股神巴菲特的長線價值投資以外，市場上的確有一群人是靠著做短線交易而致富的。對於白手起家的人來說，這句話絕對是經典中的經典。

▣ 做交易，就是做人

拜讀完本書，不難發現，要成為像 Mgk 一樣成功的交易者，除了要有良好的交易策略、要了解人性、要能在對的時間選擇對的商品並把握住趨勢行情之外，更重要的是他們的思維模式與待人處事的方式是值得我們學習的。「先相信、後看見」「勝不驕、敗不餒」、比一般人更冷靜沉著地處理自己的情緒、更勤奮自律地朝向自己的目標努力、更誠懇善良地對待周遭的人事物，以及用更開放的胸襟去探索與學習自己未知的領域，往往才是他們成功不可或缺的關鍵。

物以類聚，人以群分。一個人也許可以走得比較快，但

一群人可以走得比較遠。我的父母親和 Mgk 的父母親一樣，都是公教人員，但我們最終都選擇走向和父母親不同的道路──專職交易。我想 Mgk 這本書，所傳遞的非傳統價值觀，不僅是該如何靠交易累積財富，更重要的是如何「做人」。

2014 年，Mgk 曾受過期貨公司自營部的栽培，而 8 年後的今天，他在市場上有所成就，他也非常樂意受邀回該公司演講，回饋給現今市場上的新人。飲水要思源、做人要懂得感恩，如果有能力，但願我們都能成為書中所提到的「謝先生」與「朱先生」。

雖然虛長 Mgk 幾歲，但在專職交易的路上，Mgk 是我的前輩。令我印象很深刻的一件事，是他曾經在我某次交易低潮期，硬把我拖出來打球、帶我認識一些交易圈的前輩朋友，讓我有機會聽到專職交易前輩們的經驗分享。對當下的我來說，心靈上得到莫大的救贖，同時感受到那份雪中送炭和溢於言表的溫度。在此，我也想利用這個機會，特別感謝 Mgk。

最後，和各位分享 Mgk 在個人 IG 上所寫的一條金句：「如果得不到，代表你不夠想要。」若你不甘於現狀（想脫貧）、不願意被別人束縛（想得到某種程度的自由），且不是用逃避現實的心態，正為自己負責地在交易這條熱愛的道路上努力著，那麼這是一本你必看的書，推薦大家珍藏。

（本文作者為「William Feng 的操盤筆記」版主）

強大的專職交易者，
最無私的血淚分享

〈吳偉仁〉

　　2020 年初許多交易者嶄露頭角，當時聲勢最浩大的就是平均年齡不到 30 歲的「孝廉幫」，代表成員有 Mgk 葛瀚中、幫主長慶、宜蘭幫的凱文、承璘、元培，還有交易天量的巨人傑等等；我與小葛就是在這群優秀交易者的餐敘聚會中認識的。當時小葛剛接受幾個專訪，斗大的標題都是跟少年股神相關。原以為會見到一個意氣風發且高調的男生，但出現的卻是謙和且靦腆的鄰家男孩。

　　通常參加交易者的聚會有 2 種狀況，一是大家開口閉口都是策略的發想與行情的討論，這類型的聚會通常會有很多收穫，但相對壓力較大，有種工作延續的感覺。但當天的聚會屬於另一種狀況：閒話家常型的聚會，大家約略抱怨一下行情，聊聊生活上的瑣事。突然之間，交易者好像不是那麼孤獨的行業了，大家有著類似的煩惱，也終於有人能理解某些壓力與煩躁。從那時候開始，我就知道在交易的路上我可能多了些可一起分擔壓力的夥伴了。

▣ 專職交易的辛酸，小葛說給你聽！

　　要成為一個專職交易者，跟創業是一樣的。所有的決策風險、各式開銷的壓力、親人好友對交易的不理解與社會觀感造成的壓力，都要由交易者自己承擔。在這樣的年代，要擺脫家人與社會的標準與期待是很不容易的事情，偏偏交易者就是這樣的角色。

　　我們會承受很多自我懷疑，甚至不斷否定自己。最痛苦的就是追求選擇的自由卻被質疑與否定。許多時刻我們都盡力證明我們是有能力的，有價值的，希望自己值得被愛、被喜歡。當行情不好時，我們也會不安與焦慮，害怕自己被檢視。無奈大家對此實在不理解。就像小葛書中所提到的，很多人都認為專職交易者按按滑鼠就能賺錢，卻沒看到我們為了成功所做的努力與承擔的壓力。

　　我想小葛有著創業家的底氣，也想發揮些影響力去改變他認為錯誤的觀點，所以在書中與大家分享他交易以來的血淚。一方面希望能引領更多人成功，一方面也希望能扭轉許多人對專職交易的錯誤想像。

　　我想所有交易者都有著一身傲氣並天生反骨。在交易的市場中需要不斷地決策，而所有交易者都願意對自己的決定負責，且渴望證明自己的觀點與判斷正確。但決策其實是很耗心力與精神的，這也是為什麼巴菲特每天都吃一樣的食物，賈伯斯與祖克伯每天都穿一樣的衣服，避免制定過多決

策，好讓自己可以把心力放在重要的事務上。而交易員也是如此，必須訓練自身的心智，讓自己可以承擔更多的決策次數，或是將某些交易手法訓練成反射動作，避免過度思考等等。這些事物都是還沒從事專職交易前很難想像的。

　　小葛用平實的敘述與大家分享他的經驗，希望對交易有憧憬的朋友不要繞了遠路，進而能克服這僵化的現實社會，緊握翻身機會，突破現有階級。

　　我想成功的人天生就有向上發展的自覺，就如同埋藏土壤中的種子會鑽出地面，迎向天空與陽光一樣。很高興小葛在自身強大的過程中，願意與大眾分享自己對交易與生活的理解，逐步往自身設立的目標前進。

（本文作者為期天資訊公司創辦人、微股力專欄作家、CME＆SGX雙講師）

廢文×推薦×Mgk

〈金融業厭世廢文男〉

　　嗨，我是金融業厭世廢文男，是個金融業的業務主管。由於主管的工作性質，我平時並無太多時間盯盤或鑽研自己的交易系統，所以不敢自稱是個交易者（Trader）。我只是仗著在業界多年的經驗，對交易規則、業界制度、軟體功能比正常人熟悉一點，再設法透過客戶、朋友認識交易圈的高手、大神，經過拜訪互動後把一些無傷大雅、好玩的梗寫成廢文的，一個廢物。

　　第一次認識葛瀚中（Mgk），是透過臉書粉專互動，經過幾番嗆聲叫板後約出來打撞球，然後不意外的，我被海放好幾條街，輸了一屁股。打球過程中我們聊了聊交易，小心翼翼地試探雙方懂的東西、認識的人。當時我就已經大致感覺到：我的主要專業對他沒有用。但慶幸的是，Mgk 不是一個把人脈論斤論兩在評價的人，雖然他也感受得到我現階段對他來說沒有利用價值，但最終還是把我當成朋友看待，甚至出書還找我寫序。是不是其實他朋友真的不多，我也是一頭霧水。

▣ 如同人生縮影的交易過程

　　來談談這本書吧。本書內容並不像常見的交易書籍一樣教你怎麼買、怎麼賣才會賺錢。Mgk 沒有什麼交易的神奇指標，也沒有什麼必勝心法，他有的只是踏入交易圈以來一路上的心酸血淚、如何從長線投資轉變為短線投機的心態轉變。

　　我想 Mgk 之所以是現在的 Mgk，是因為他從年輕時就開始勇於嘗試，不論是大量閱讀書籍、大量認識人、大量砸錢去上沒有屁用的課程被當北七，這些都讓他在年輕不怕受傷時，快速累積了成功和失敗的經驗，間接培養出自己的實力和自信。更珍貴的是：在面對金融交易圈光怪陸離的現象時，Mgk 竟然還能守住自己的道德底線（畢竟他可是連髮線都倒退了），沒有跟著沉淪。

　　Mgk 的交易就如同他人生的縮影──正常人幾十年可能遇到的事情，他在 10 年內快速體驗學習吸收完成，好像大考前的衝刺班學生一樣，又好像武俠小說裡的主角忽然吃了什麼大還丹，讓他像個功力大增的老頭一樣侃侃而談，有這麼多故事可以講。我想這也就是本書命名為《我炒的是人生，不是股票！》的由來吧？

　　Mgk 年紀輕輕就具備這種看破人間百態的格局，也成就了本書海納百川的風格，書中一再提及每個人都有適合自己的交易方法，有些人不能承受隔夜風險所以只做當沖、有些

人喜歡 3 年不開張開張吃 10 年，眞的沒有一種交易方式能夠適合所有人。所以大家交易的首要任務是認識自己、誠實面對自己，不要傻傻地看到成功交易者優越的生活品質，就跳進股海瞎機巴亂 Trade。

如同本書第 1 部的標題一樣：每段際遇都可能是翻轉的開始。讀到這篇推薦序或甚至已閱讀完此書的人，這也許就是你的第 1 個契機。若確定要踏入交易圈，祝你／妳能順利找到自己舒服操作的商品、周期、方式，建構自己的交易系統。專職交易是一段孤獨、漫長且痛苦的路，眞的沒有外人看起來那麼光鮮亮麗，請你多找幾個正直善良且有趣的夥伴結伴同行。

最後的最後，再次向大家推薦 Mgk 這本《我炒的是人生，不是股票！》，我也想在最後對 Mgk 說：「書寫得很好，但成語實在用太多了，不用那麼多成語我也知道你文采很好，好嗎？」

（本文作者為「金融業厭世廢文男」版主）

投資競賽優勝者的祕密

〈菲比斯〉

成為投資競賽優勝者的祕密都在裡面了，不可不讀！少年股神的床邊讀物，省去你犯錯的時間。

（本文作者為菲想資本創辦人）

10 年磨一劍，炒股的心路歷程

　　許多老一輩的人都說：「股市就是一個吃人不吐骨頭的地方」，但我卻認為，股市，是我們這一代 90 後年輕人，在這平均薪資停滯不前、房價和物價飛漲的世代，少數還能緊握的最後翻身機會。雖然在金融交易的世界裡，依舊並非人人平等，但至少，相較於階級固化的現實社會，我們不用向任何人卑躬屈膝、對任何人逢迎諂媚，只要專注於自己每一次的決策，就能打下屬於自己的一片天。

　　記得第一次在網路論壇上發表自己的年度績效，已經是 2017 年的事了。當年的總獲利大約是 180 萬。那一年，也是我第一次感受到自己終於能在這浩瀚股海當中踏踏實實賺到錢的第一年（那時還是一個生不出論文的碩士研究生）。

　　後來，我陸續又在 2018、2019 年發表了自己的年度獲利，雖然這 2、3 年的獲利沒有什麼衰退，卻始終也沒有太大的成長，一直維持在每年 300 ～ 400 萬之間。直到 2021 年 4 月後的多頭無限列車，績效才終於出現爆發式的成長。

　　你可能會認為這是時運使然。這點我完全不否認，甚至

有些認同。我覺得任何事情，在付出了自己所有努力之後，最後的成敗與否，時常都只差在一個機運或機遇而已。當機運來臨時，為何有些人總是能把握，有些人卻永遠只能在一旁乾瞪眼，一切的關鍵就僅僅在於自己平時的努力是否充足罷了。

我從來都不否認「運氣好」或「時勢造英雄」這些說法，但我更願意相信的是「天道酬勤、地道酬善、人道酬誠、商道酬信，業道酬精」這些亙古不變的硬道理。

這本書乘載了筆者交易生涯的所有光陰血淚，更記錄了在這市場上一路走來的所見所聞，其中更不乏一些光怪陸離之事，願所有讀者能透過筆者自身的經驗，在這宛如迷霧森林般的交易世界裡，按圖索驥地找到屬於自己的交易聖盃。

01

每段際遇都可能是
翻轉的開始

他語重心長地說：
「我這輩子從來沒有到外面工作過。
你要知道，如果你打算走這條路，
賭上的不會是一陣子，而是一輩子。」

有時候，際遇是種神奇的東西。
當你站在十字路口徘徊時，
會冷不防地給你一腳，把你踹向該去的地方。

1-1

那個帶我走入股市的神祕客

你得先承認，人們在成長過程中所建立的性格真的有著天壤之別。不同的性格決定每個人追求人生目標時的差異，有人追求薪資報酬、有人追求社經地位、更有些人追求的僅僅是不受拘束的人生。而我，就屬於最後這種。

我的家境小康，父母都是老師。小時候想買什麼，都得經過他們同意，這種限制感實在讓我深感窒息。但這並非代表我想要的就是華麗的物質生活，而是我從小就不喜歡受制於人的感覺。因為一直有這樣

的想法，我很早就有了想要盡快自食其力的決心。

　　但在那之前，我得先設法養活自己。

　　高中畢業後，我以幾乎快要低分落榜的成績，考上一所私立大學夜間部。由於夜間部的課都在傍晚，我索性在白天找了份計時工作來補貼自己的生活費。我的第一份工作是撞球場工讀生，時薪 105 元，雖然能賺到的錢不多，但對於從小就熱愛這項運動的我來說，可以免費打球的這個員工福利，實在是令我難以抗拒。

　　也許對很多人來說，撞球場是一個龍蛇雜處的是非之地，但對我來說，與其說這裡龍蛇雜處，不如說這裡更像一個濃縮後的小型社會，你可以在這裡認識各行各業的朋友，無論灰黑白，應有盡有。而我，就是在這樣的環境長大，也是在這樣的環境認識了人生中的第一個貴人：謝先生。

◼ 不當上班族背後的祕密

　　謝先生在這裡是個特別的存在，不僅球打得好，談吐間也充滿了智慧。40 不到的他，總是能在平日下午 2 點後悠悠現身。我實在很好奇，以他這個年紀的人來說，爲何生活能過得如此悠閒，難道他都不用上班嗎？

　　「謝先生都不用上班喔？」在好奇心的驅使下，我向撞球場的店長詢問

　　「你不知道嗎？他可是身價好幾億的股市大戶，30 歲出頭就退休了吧。」

　　咦!? 原來在股市裡可以賺這麼多錢！這引起了我極大的興趣。於是大一那年，我讀遍學校圖書館裡與股票投資有關的所有書籍。凡是遇到不懂的地方，我就會捧著書，趁打工的時候厚著臉皮地向謝先生請益。

　　記得我第一次鼓起勇氣向謝先生攀談：「你覺得

股票到底該怎麼玩啊？」

　　謝先生不以為意地回答：「等你先把基本規則搞懂了，我們再來討論……」

　　當時我心裡有點堵，什麼？股票的規則不就是買跟賣而已嗎？

　　謝先生可能見我眉頭一皺，話鋒一轉：「如果你真的有興趣，可以先去跟大華投顧的杜董要一本他的書《價值分析在台灣股市個股應用的訣竅》來看。」

　　杜董？誰是杜董？我甚至連他是誰都不太清楚了，還要我開口向他要東西，這樣未免也太唐突了吧。我猜可能光總機那關就過不去了吧？更不用說還要他送我一本書？不可能吧！

　　謝先生接著說：「相信我，你只要說自己是很景仰他的大學生，想看他的書卻買不到就可以了，作者通常都會有留一些庫存。而且就算你真的被拒絕了，

其實也沒什麼損失啊！**年輕人不要這麼愛面子。**」

　　隔天，我找了個空檔，戰戰兢兢地打了電話過去。果不其然，在總機這關馬上就被擋了下來。

　　「請問您找杜董有什麼事嗎？」總機向我詢問。

　　「喔喔……我是很景仰杜董的大學生，想和老師請教一些事情。」我支支吾吾地說。

　　「好的，那請您稍等一下，我馬上幫您轉接。」正當我還在驚訝這招竟然可行時，杜董本人接起電話：

　　「喂？」

　　「杜董您好，我是很景仰您的大學生。這幾天一直很想買您那套價值投資的書，可是我在書店裡怎麼找都找不到，不知道方不方便直接和您購買？」

　　想不到杜董居然說：「咦？可是我昨天才在書店裡看到耶！你要不要再仔細找找？」杜董這段回話讓我尷尬不已。眼見計畫失敗，我便草草掛上電話。

幾天過後，我在撞球場和謝先生講述整件事的經過。他先是一愣，後來哈哈大笑地說：「天啊，你還真的打喔！」可能是認爲我這二楞子應該沒這個膽，想不到竟然真的有把他的話放心裡。

自此之後，謝先生開始更願意和我分享。無論是長線投資的布局邏輯，還是短線交易的切入時機，他教我的不僅是交易世界裡的買賣規則，更多的是如何看懂主力的意圖與動向。

▣ 走入股市交易，走出階級桎梏

記得有次在做課堂研究報告時，意外發現謝先生的名字竟出現在某公司的大股東之列。藉由公開資訊，我查了查他的持股數量，再以當前的市價回推市值。萬萬讓我沒想到的是，謝先生僅僅一檔股票的持

股市值，竟然就高達數億元。我邊算邊倒抽一口氣。心想，股市還真的是令人充滿希望的地方啊！

　　後來，我不經意地向謝先生提起這件事，好奇地問他，為何會如此重押這檔股票，還押到變成大股東！他笑著跟我說：「**很多公司在經營權易主、公司變更營業項目或借殼上市時，都會產生特殊的交易機會**，你應該要思考的是，為什麼有經營團隊會甘願斥下巨資買下一間早就被市場遺忘的公司，他們的目的究竟為何？這是非常值得研究的事情。」

　　首先，這樣的公司可能長期處於虧損狀態，也就意味著，它的基期已經非常低了。倘若新的經營團隊在日後能有一番作為，是不是也代表一種「轉機」應運而生，而這，正是容易受市場期待的議題之一。

　　聽完謝先生的這番話，我猶如醍醐灌頂，開始了解到市場價格能告訴我們的事情其實不多。最重要的

是，你得先知道與自己對弈的對手是誰。再來，我們必須不斷揣測對手的想法，這才是真正需要關注的。

比起市場上成天針對價格追漲殺跌的散戶們，謝先生的交易顯得更為宏觀且從容不迫。

現在回想起來，雖然謝先生從來就沒有系統性地教過我什麼，但是他對交易的各種思維，確實放大了我的視野。

最重要的是，相比長輩告訴我們：「股市就是賭場，長期都會輸，要好好上班工作」的傳統觀念，謝先生就是一個在股市中獲得鉅富的活生生成功案例。而且，他在短時間內累積到的財富，可能是一個普通上班族連續工作 3 輩子也無法達成的天文數字。

這讓我深刻體悟出一件事：

股市，絕對是足以打破現有「社會階級」的途徑之一。

1-2

人生目標是體驗出來的

自從遇見謝先生後，我就開始對未來有了目標：

「我要炒股。我要贏回自己人生的主導權。」

我一直覺得自己很幸運，能在 20 出頭的年紀，就找到屬於自己人生的方向。我認爲「找到人生目標」是一件非常難能可貴的事，很多人終其一生都沒能找到屬於自己心中真正的答案，於是就這樣虛度了一生。

「目標」不僅能爲一個人帶來生活或事業上的方向感，更重要的是，它還能時時刻刻提醒自己：現在的你，在自己所設定的目標前，究竟還有多麼的不足。

目標的設定可以是階段性任務的達成。比如：我要在 30 歲前出一本書，或是我要在今年年底前創立一個追蹤數達 1 萬人的美食部落格……

更可以是對未來生活場景的幻想：「35 歲的我某天早晨醒來，拉開窗簾任由陽光透過通頂的大面落地窗傾瀉而下。我從容不迫地看著窗前這波光粼粼的河岸景色。我不急著出門上班，因為此時此刻的我，已經是多間上市櫃公司的大股東，賺錢這等事就留給專業經理們去操心吧。」

你一定覺得這根本就只是癡人說夢吧！以現在的房價來說，正常上班族能貸款買得起一間總價千萬的房子就已經很不錯了，更遑論要在 30 幾歲就名列上市櫃公司大股東。看到了嗎？你的目標已經開始發揮作用。它正清楚地告訴你：「你不能只是一個平凡的上班族，因為那並不足以撐起你內心嚮往的生活，所以

你必須再想想其他辦法。」

▣ 鳥弟的奧迪飆出我的夢想

20 出頭時，某天下午，我的富二代朋友鳥弟開了他的奧迪新車來找我出去蹓躂蹓躂，我永遠無法忘記那厚實的車門，在關起門的瞬間，渾厚閉合聲所帶來的包覆感有多麼強烈。相比家裡那部國產車，單薄的門片簡直可以說是用紙糊的。

一路上，鳥弟向我演示車上的所有新穎功能，以及那餘音繞梁般的立體音響。這些體驗，再再衝擊我過往總覺得「車子僅是代步工具」的認知。想不到一樣都是 4 個輪子組成的汽車，竟然能有如此天壤之別的感受。

於是，我當下就下定決心：將來，我也要買一部

奧迪！

回家後，我天眞地上網查了它的售價……天啊！竟然要 359 萬！我開始回推自己在撞球場打工的時薪：

以每個月工作 115 小時的時數來算，當時打工時薪每小時爲 105 元，整月下來大約可以賺 12,000 元。

3,590,000 / 12,000 = 299（我得工作近 300 個月）

300 / 12 = 25（我得不吃不喝不消費工作 25 年）

20 + 25 = 45（當時我 20 歲，夢想達成時已經 45 歲了）

算著算著，我發現，如果繼續在撞球場打工，根本一輩子也不可能買得起！先別說買了，就連加一次油的費用，都得工作 15 個小時才付得起。

現實給我的這一記當頭棒喝，馬上就把我從這遙不可及的豪車夢中拖了出來。也是從那一刻開始，我

清楚地知道：如果買得起這部豪車是我人生的夢想之一，那撞球場店員這份工作，就絕對是最不切實際的途徑。

▣ 你願意為自己的夢想做多少改變？

所謂「築夢踏實」，指的是你得找到一個眞正有可能讓你達成目標的途徑，而不是一味地在錯誤的跑道上徒勞無功。

每個人都有做夢的權利，就我來看，從來沒有誰的夢想是不切實際的。眞正不切實際的，是你每天抱怨著老闆、埋怨著生活，明知以當前的條件難以達成設下的目標，卻始終不願意爲自己的夢想做出實際的改變。

可能很多人會認爲，鳥弟不過就是來找你炫車而

已。老實說，當時的我還眞沒有這種憤慨的想法，反倒很感激他，讓我在 20 出頭就能有如此奢華的體驗。或許到現在，還是有很多人和以前的我一樣，認爲車子就僅是代步的工具，買名車？還眞的沒必要！但我必須說，如果你不曾開過進口名車，又怎麼能確定國產車是你最好的代步選擇？

很多時候，我們會因爲自己的不足，潛意識地去否定他人生活上的成就。比如三流大學的人嚷嚷著念台大有什麼用；沒到過米其林餐廳用餐的人告訴你食物不用吃太好，能溫飽就好；住在 50 年老公寓一輩子的人，嘲笑買豪宅的人花一堆錢買到 40% 公設；從來沒有對象的人告訴你單身生活好過穩定交往……

其實，認同別人生活上的美好眞的沒有那麼難，困難的是你願不願意給自己一個機會，放下那輕如鵝羽的自尊，好好體驗一次自己從未感受過的美好事物。

當你有了各種不同的生活體驗，你才會知道自己內心真正想過的是哪一種生活。價值觀是建立在眼界之上的，一個人的眼界有多寬，他的夢才能有多大。

　　所以，千萬別再簡單地用一句「我不屑」，來試圖讓自己的內心好過。**你該做的是，即刻起認清自己真正的心之所向，不再怨天尤人、不再自怨自艾，把握好每一分每一秒，為自己的目標與夢想做出實質的改變，並且認認真真地追求它、成就它、實現它。**

1-3

富人靠報酬率，窮人靠周轉率

　　2015 年 11 月，我在碩士班的課堂上接到一通神祕電話。

　　「請問是葛先生嗎？這裡是○○證券○○分公司，我是經理人林○○。我們在 104 上面發現你的履歷，看到你之前待過期貨自營部。目前我們這邊有一個職缺很適合你，請問你目前找到工作了嗎？」一名中年男子的聲音從電話另一頭傳來。

　　「不好意思，我現在還是學生，目前沒有找工作的打算，履歷應該是之前找企業實習時放上去的。」我

回覆。

　　「我知道你還是學生，但你的經歷真的很適合這份工作。是這樣的，其實我們是受 VIP 大客戶的委託，代他到 104 上面尋找合適的交易助理，這個機會真的很難得⋯⋯不知道你有沒有興趣多了解一下？還是說，我方便把你的電話留給他，你們可以再私下聯繫？」中年男子急促的聲音，聽得出來他非常積極。

　　「喔喔⋯⋯好⋯⋯」這突如其來的發展讓我有點措手不及，但直覺告訴我先答應再說。

　　約莫過了 1 小時，我的手機再次出現一通未知號碼的來電，我接了起來。

　　「葛同學嗎？我是剛剛○○證券林協理提到的朱先生。明天方便跟你約個時間碰面聊聊嗎？地點的話就選在你學校對面的伯朗咖啡如何？」

　　「好啊，那我們約明天下午 3 點好嗎？」基於好

奇，我並沒有思考太多就將這件事先定了下來。

隔天下午，我如期赴約，因為地點就在學校對面，我提早 10 分鐘到達。我選了一個可以直接看見咖啡廳入口的位子坐了下來，觀察每一個進出的人，心裡想著，究竟來的會是怎樣的一個人呢？

沒過多久，一名身高約 1 米 8，穿著土黃色短 T、卡其色短褲，搭配著涼鞋的中年男子走了進來，東張西望地看了一下後，從口袋掏出手機撥了電話。

我放在桌上的手機響了起來。

我知道，就是他了。

我向朱先生揮手示意，他百無聊賴地朝我走了過來。

當大下午，朱先生和我分享許多他在市場上的所見所聞，也和我說了他身為專職交易員的世界觀。讓我印象最深刻的是，他語重心長地說：「**我這輩子從**

來沒有到外面工作過。你要知道,如果你打算走這條路,賭上的不會是一陣子,而是一輩子。」

當時聽到這段話還沒有太多感觸。如今,隨著自己在市場上的歷練漸多,年紀也逐漸逼近而立之年,現在想想,那段話還真是意義深遠。

◼ 專職交易的隱形時間成本

學習金融交易就是這樣,你所投入的時間與精力,從來都不會有個明確的回收期。有的人是 1 年、有的人是 10 年⋯⋯更有些人是終其一生都迷失在這茫茫股海當中。沒有誰能向你保證,只要在戲棚下站久了,有天你就會變成大戲裡的主角。在這個市場,每年都能見到滿懷雄心壯志的初生之犢,卻也每年都有戎馬一生的市場老將戰死沙場。

交易就像一場比誰堆得高的積木遊戲，是一種積累、一種堆疊。從進入市場的第一天起，除了自己主動將積木往上疊，時間也是另一種壓力。每年每月，它都會悄悄地在積木頂端放上一塊，20 幾歲的時候，離地面的距離還不算遠，積木垮了可以馬上重來，沒多久便可以回到原來的高度；但 30 幾歲的我們，失敗的代價除了金錢外，更多的是回不去的青春年華。多數未接觸交易的人會在這段時間累積工作經驗、累積人脈關係，而失敗的專職交易人呢？年紀一大把卻沒有任何正式工作經驗，恐怕也只能在職場面前背負著投機取巧的罵名，淪為受眾人唾棄不事生產的一群人。

　　在失敗的專職交易人裡，比起金錢的損失，價值觀的扭曲才是真正的萬惡之首。尤其是那些曾經在股海中呼風喚雨的人，每天的損益動輒百萬、千萬，怎麼可能回到普通上班族柴米油鹽的生活。只能說，專

職交易的生活就像一個偌大的魚簍，初入簍口，回頭容易；深入簍中，不成功、便成仁。

選擇專職交易這條路的人，表面上的成本看似只有金錢，其實更多的是人生的「時間成本」。很多人都是一直到自己的黃金歲月幻化成泡影，最後才能明白這個道理。

當天，我和朱先生相談甚歡，獲益良多。雖然是第一次見面，卻有種熟悉的感覺，也許這就是身為操盤人的共同頻率吧。

有時候，際遇是種神奇的東西。當你站在十字路口徘徊時，會冷不防地給你一腳，把你踹向該去的地方。

半個月後，我將學校碩士班的課程排至晚上，正式到朱先生的工作室報到。

▣ 小資金要做大，不看報酬率

2015 年 11 月 25 日，我第一次到工作室。這裡是一處民宅公寓的 2 樓，進了門，迎面而來的是好幾台電腦與螢幕。整個工作室包含我一共有 5 個人。

當天朱先生要我在大家面前自我介紹，除了說明自己的來歷，也希望我和大家分享自己近期的交易狀況。

在我簡略說明自己的學經歷後，爲了證明我不是毫無觀念的交易新手，我向大家展示自己的部位：「和大（1536），我在今年 4 月時以約莫 60 元的價格買進，一直持有到現在。今天的市價 120 元，報酬率接近百分百！」

原先以爲這 100% 的報酬率會讓大家對我刮目相看。沒想到待我語畢，從大家的眼神裡，我看到的只

有「喔？所以呢？」

在一片寂靜中，朱先生率先打破沉默問我：「所以你買了幾張？」

「2 張。」

「那這樣你一共賺了多少錢？」

「大概 12 萬」

「所以你花了整整半年多才賺 12 萬。按照你這種做法，你要什麼時候才會變有錢？**小資金要做大，靠的是周轉率，不是報酬率。如果你想靠股票白手起家，一定要記住這點。**」朱先生語重心長地對我說。

就是這句話，徹底顛覆了我對股票市場的思維。雖然後來因為碩士論文的關係，我在朱先生的工作室只待了短短半年，但他一開始說的這句話，卻真真切切影響了我往後交易生涯的發展。

原先的我，總認為長期投資才是在股市致富的不

二法門，直到遇見了朱先生，我才發現原來短線交易也有無限可能。也許這和許多信奉巴菲特價值投資法的人，在想法上有些衝突，但我還是得說，市場上真的有這麼一類靠著短線交易發家致富的人存在著。

這裡，再次感謝朱先生過去的提攜。

02

騙子很多，傻瓜更多

「我這輩子投資股票從來沒賠過錢。」
那是我人生第一次這麼近距離看到破百萬的對帳單！
更讓我吃驚的是，她的即時庫存損益帳面上一共虧損了將近 1200 萬！
「阿姨，妳的庫存怎麼會賠這麼多啊？」
「我沒有賠啊！我又還沒賣！」

整個市場裡可能有一半以上的人都和老阿姨一樣有這種認知偏誤。
不是他們不願意承認自己的錯誤，是他們真的發自內心覺得：
「只要沒賣就不算賠」。

2-1
只有你知道，不要和別人說

　　相信初來乍到的交易者，一開始一定都會加入許多投資群組，然後每天追蹤各大股市論壇、新聞媒體、報章雜誌的訊息，生怕自己一不小心就會遺漏了什麼致富機會。就和以前的我一樣，總是別人說什麼，我就信什麼，尤其是那種所謂的「內線消息」，比如「公司董事長是我親戚的朋友，聽說公司股價要炒到╳╳╳元」等等。

　　2015 年，在一次機緣之下，某個周五收盤後，我陪同朋友到南京東路上的某間券商，拜訪一名常駐於

VIP 室的市場大戶張大哥。我默默在一旁聽著他們對於時下行情的見解，突然間……

「來來來，報你們一些好料。」張大哥手指著電腦螢幕，揮手示意要我們過去他的座位後面，並迅速輸入了幾檔股票代號後說到：「這兩檔，2＊＊3 和 5＊＊5 你們可以買一點，我正在低價吃貨，之後至少會漲 10 倍！你們只要買了放著就對了！切記切記，『要放一下』喔！」

當下，我不假思索地從口袋中拿出手機，並開啟記事本 APP 快速記下：2＊＊3、5＊＊5。也許是潛意識作祟，總認為能進 VIP 室的人應該都有兩把刷子，而且張大哥看起來溫文儒雅，也不像是會欺騙晚輩的人。

於是周一開盤，我便以開盤價買入張大哥口中的兩檔「好料」。起初，股價沒什麼波動，交易量也

很零星，日線型態明顯正處於一段低檔盤整之中；往前看，股價也已經有很長一段時間沒動過了。正因如此，我認為自己買的位置「非常安全」，畢竟是在低檔，所以我也不疑有他。

約莫過了一個半月，我發現這些「好料」的股價開始不約而同地向箱型整理的下緣靠近。由於此時我的帳面損益已經虧損不少，於是我聯繫了朋友，請他代我向張大哥請示下一步的動作。

「大哥說越便宜越划算啦！但就是要『放一下』就對了。」朋友信誓旦旦地說。

時間又過了半年，我的帳面損益竟出現高達 -50% 的虧損。這不僅一舉創下我的最高帳面虧損百分比，也讓我當時的資產淨值去了大半。

最後，我終於受不了自己一直被困在這泥淖般的窘境，某天開盤，我閉著眼睛出清了所有持股。至今

我仍舊印象深刻，因為當天早上的跌停是我自己砍出來的。出清持股後，我如釋重負，終於有種解脫並重獲新生的感覺。可能是股價盤中跌停的緣故，我的朋友收盤後竟然主動打電話過來：

「早上跌停你有砍嗎？張大哥說是他在洗盤，叫我們不要擔心，持股放著就對了！」

待他語畢，我心裡只想回他：「『要放？』，放你媽啦！」

■ 聽消息做交易，賠錢只是剛好

類似的這種故事，我相信一定不是只有我遇到。其實當你吃過幾次悶虧後就會知道，這種「聽來的」交易方式，根本完全不可行。

第一，就算消息是真的，你也無法確定它是不是

已經傳了好幾手，甚至可能早就反應在股價之上了。

再來，有些尚未成定局的消息，依舊存在破局的可能。比如「公司下半年有很大的機會能接到國際大廠的訂單，未來獲利可期」。要知道，半年的時間能改變的事情很多，倘若中途有新的競爭者加入，原先預期的訂單遭到分食，你覺得先前報你這條「好消息」的人，會好心到在第一時間通知你嗎？我想大概不會吧！就算要通知，可能也是等自己的貨出完才告訴你。不過通常到那個時候，股價也早就已經下跌多時了。

以我自己的經驗，用「聽消息」的方式來做交易，最常見的發展有 2 種：

1. 某標的正處於一段強勁的上漲趨勢，當你接獲「特殊消息」進場買入後，股價開始莫名陷入橫

盤整理，直到消息在某天盤後正式見報，隔天的開盤卻沒有如預期開高，反而瞬間向下崩潰至跌停。這就是標準的「消息是真的，但早就傳遍全世界」，也是所謂的「利多出盡」。

2. 股價正處於一段量縮整理的行情之中，當你接獲「特殊消息」後進場建立部位，1、2個月過去了，股價卻遲遲沒有表態。你陷入僵局，進退兩難，無所適從地思考著，究竟是否要繼續持倉等待。經過一段天人交戰後，你終於決定放棄，於是開始出脫手中持股，然而就在你清空庫存的隔天，股價竟然就噴出了！

「聽消息做交易」最大的問題就在於：你永遠沒辦法掌握正確的出手時機，而且許多消息來源根本無

從考證，也無法做到即時更新。這不僅造成資金使用上的不效率，有時也可能會成為別人出貨的對象。

所以，現在的我，為了不讓自己再次面對這種瀕臨精神崩潰的邊緣，但凡類似的「內線消息」出現，即便對方說得多麼斬釘截鐵，我一概以禮貌性的微笑帶過，僅此而已。

看到這裡，你以為故事就結束了嗎？不！

自從「好料股事件」後，我便不再和朋友提到它們。想不到 2021 年 4 月，其中一檔好料股受惠時下熱門題材的影響，從最低點算起，竟然真的上漲了 10 倍！

有天下午，我竟收到一條短訊，上面寫著：「大哥果然是對的！」

我笑而不語。

5 年的時間過去了，大哥真的是對的嗎？這邊就留

給各位看官自行思考了。

　　最後，「我在這邊大膽預測，台灣加權指數未來必上 3 萬點！大家不要急，要等！要等喔！」

　　反正沒到就是「還要等」，到了就是：「看吧，我早就跟你說了。」

2-2

投顧的便利貼飆股，
你的賠錢大坑

記得自己 20 出頭剛進入市場時，每天市場上發生的一切，對我來說都很新鮮。當時的我最常做 3 件事：

1. 閱讀所有與股票投資有關的書籍。
2. 四處參加券商舉辦的講座。
3. 觀看投顧老師的電視節目。

有很長一段時間，觀看投顧老師的節目幾乎是我

每天固定的排程之一。我有一本筆記本，上面寫滿了不管是「投資長」「投資總監」，還是「執行長」等每一位投顧老師說過的話。當然，也包含他們「過去」推薦過的股票。

對當時的我來說，老師們就像上帝一般的存在。看他們的節目不僅可以免費學習技術分析，還可以了解時下有哪些熱門的產業，這實在讓我樂此不疲。

如果你也有看過投顧節目，相信對「遮住股號的環節」一定不陌生。大致上來說就是，當節目進行到一半，有些老師會拿出一張圖卡，上面多半是一檔「用便利貼遮住股票代號與名稱」的個股日線圖。接著，老師會對著鏡頭，口沫橫飛地說著這間公司未來前景有多好，同時不忘拿著手中的紅色簽字筆在圖卡上激動地比劃，最後再告訴你：「如欲索取該檔飆股，請速電洽，優惠活動進行中。」

老師慷慨激昂的聲音，總讓我覺得致富的機會彷彿就在眼前，好像只要撥通電話，賺大錢的日子便指日可待。但我們都知道，天下沒有白吃的午餐。我曾經打去幾次，得到的回覆多半是：「獲得飆股前，你得先成為老師的會員，我們目前有體驗方案……價格很優惠……」。而那所謂「很優惠」的入會價格，動不動就是 10 萬、20 萬，這對仍是學生的我來說，根本是一串天文數字。

　　所以，為了省錢，我通常會用手機拍下電視螢幕上的圖卡，並詳細記錄老師說過的每一句話，再藉由老師對該公司的產業敘述（如 PCB、DRAM……），交叉比對該檔股票的股價區間、日 K 線排列組合等資訊，最後再土法煉鋼地從台灣股市數以千計的上市櫃公司當中尋找出這檔「便條貼飆股」。

　　剛開始，這種「尋寶遊戲」真的可說是曠日廢時，

但隨著自己的看盤經驗不斷提升，到了後期，有時候甚至連找都不用找，瞄一眼就可以知道便利貼底下的股票代號。

就在這個遊戲進行了幾個月後，我發現所謂的「便利貼飆股」根本也沒多強，有些股票甚至直接跌到一去不復返。

而那些會在節目上撕下便利貼公開揭露的股票，可能也只是少數有上漲的，至於其他沒漲的，甚至下跌的，反正遮住了也沒人知道！（老師可能沒料到有人這麼閒，竟然可以一檔一檔全部找出來。）

看著那些老師大言不慚地在節目上吹噓自己選中的標的多會漲，卻對自己失敗的選股隻字不提。對於這樣的行銷手法，我實在覺得噁心至極。

▣ 沒績效只出張嘴的投資顧問，你信嗎？

　　時至今日，隨著自媒體的蓬勃發展，如 Pressplay、微股力等新創公司的出現，網路上的財經 KOL 漸漸取代了傳統的投顧老師，投資顧問這個產業也逐漸式微。我認為這是必然，也是必須。

　　畢竟，投顧本來就是一個天花亂墜的產業。雖說是政府管制的特許行業之一，但政府真的有善盡監管的責任嗎？我敢說，如果政府要求所有投顧公司必須將各自推薦過的標的列管成冊，並要求於年度末時將績效公示於眾，市場上將有一半的投顧公司會倒閉！

　　很多人都有個錯誤觀念，總認為持有證券分析師牌照的人就是股市專家。但就我來看，那只不過是一張可以合法唬爛的免死金牌。金融業本就是個績效掛帥的產業，如果一名分析師無法為自己的分析負責，

他便不配自稱是名分析師。我相信在操作自有資金的法人體系裡，無論是證券或期貨自營商，「沒有績效就滾蛋」是再正常不過的事情。但為何到了一樣是特許行業的投顧公司，那些空有「免死金牌」卻毫無操作績效可言的老師們，公司卻予以縱容、政府卻無法牽制。難道是因為「反正我就出張嘴，要是賠也是賠別人的錢」這種包贏心態嗎？

試想有天政府放寬成為一名醫生的門檻，往後想當醫生的人不再需要念7年醫學系，也不需要到醫院實習累積經驗，凡是通過醫師特考的人都可以成為合法醫師，這個世界會變得有多恐怖？替你開刀的人從來沒進過手術室，光是想像就令人不寒而慄。同時，診療費也不再有統一標準，只要是合法醫師，愛開多少就收多少，反正願者上鉤。至於治療成效嘛……只要打出：「本院所做之治療絕無不法，病人接受治療前

應獨立判斷、審慎評估並自負治療風險。」反正治不好，你家的事！

現在，你還敢輕易相信電視上的投顧老師嗎？

▣ 投顧業不只賣相，還要買你的……

再分享一個故事：

2015 年剛考上研究所的時候，某日我收到 104 人力銀行的面試邀約，邀請方是位於捷運行天宮站附近的一間投顧公司（現已歇業），職位名稱是「交易策略工程師（可兼職）」，在好奇心的驅使下，外加當時覺得如果可以多一份額外的收入也不錯，所以我馬上就答應面試了。

面試當天我正裝赴約，櫃台的接待人員將我帶至他們的會議室稍作休息。在會議室裡，我隔著玻璃隔

間向外環顧四周，辦公區的工作人員年紀普遍稍長，每個人都講著電話，似乎是正在向客人推銷著什麼產品。

沒多久，一名年約 40 戴著淺粉色口罩的中年女子走了進來。她是這間投顧公司的總經理特助，也是我今天唯一的面試官。一番噓寒問暖後，她看著我的履歷問到：「你知道我是誰嗎？」

當我還一頭霧水，不知道該怎麼回答的時候，她接著說：「好，沒關係，那你知道這份工作的內容是什麼嗎？」

「協助分析師將交易邏輯程序化，並提供給客戶使用。」我回答。

「沒錯，我們主要是想請你協助老師，幫他把技術指標寫成紅買綠賣的樣子，可能是 KD、RSI、MACD 等等。當然，我們會調整一些參數。不知道對

於這些你是否熟悉？」特助繼續說明工作內容。

「沒問題，但我做成指標之後需要幫老師做績效回測嗎？」基於這1、2年的策略開發經驗，我很清楚知道單純改改傳統指標的參數，顯然不是一個能在市場上具有正期望的做法。

「拜託你千萬不要回測！你只要做出紅買綠賣的樣子就可以了！」這次特助的反應有些激動。

「可是要賣給客人的東西，不是應該先回測看看是否能賺錢比較好嗎？」我繼續追問。

於是，特助回了一句我這輩子永遠忘不了的一段話：

「弟弟，你涉世未深。你要知道，投顧業是『賣相』的行業，就跟藝人一樣。無論如何，只要粉絲肯買單就可以！」

當我還在驚訝惶恐之際，沒想到特助又接著語出

驚人：

「可以的話，我希望你能在我們公司登記成正式員工。你看外面正打著電話的那些叔叔阿姨，他們很多人沒有牌（投信投顧業務員證照），而你履歷上的證照已經非常完備。當然，我知道你還是學生，所以我們單純登記就好。你不用每天來上班，但你的牌可能要借別人使用，至於所得稅的部分，公司會再額外補貼給你。」

談話至此，我的三觀已完全被這間公司摧毀，心想這到底是什麼鬼公司？不過基於禮貌，我還是面帶笑容地回覆特助：「好，那我回去想一下，謝謝特助！」

看到這裡你可能以為故事要結束了，還沒有喔！

面試結束後，特助與我一同走出會議室，並送我去搭電梯。就在前往電梯的這一小段路上，特助邊

走邊拉下口罩。這一次，她脫下口罩後瞪大了眼看著我，又問了一次：「你真的不知道我是誰嗎？」

　　我尷尬地搖了搖頭，當下一度還以為到底是哪個過氣藝人一直想刷存在感。

　　於是回家的路上，我用手機搜尋了特助的名字才發現：哇！她竟然是我大學時某一門選修課的老師！而那堂課的名稱就叫做……

　　證券交易法。

2-3

為何多數人總是賠錢？

最常見的認知偏誤──只要沒賣就不算賠。

讓我們先釐清一件事：在交易的世界裡，所有關於「已實現損益」或「未實現損益」的討論都沒有任何意義，多數人都存在一個心理偏誤，總認為雖然目前庫存損益是負的，但因為還沒出場，所以還不算賠；又或者原本帳上投資報酬率賺 50% 的標的，現在縮水成 30%，這樣也不能算賠，只能算是少賺。

我一直覺得，有這種鴕鳥心態的人應該是少數。但隨著自己在市場上待得越來越久，我發現這種認為

自己「沒賣就不算賠」的想法，似乎是一種人性常態。只能說人們可能真的不善於承認自己的錯誤。

　　金融市場裡有個觀念很重要，那就是你必須要有「資產淨值」的觀念。所謂資產淨值指的是：你所擁有的全部資產依照目前的市價，在當下能換得的法定貨幣總額（這些資產可能包含存款、現金、各國外幣、股票市值、債券市值、房產市值……）。

　　我認為大部分的人在股市裡總是賠錢，根本原因就在於這種「沒賣就不算賠」的錯誤認知。各位不妨試想一下，如果你連如何判斷一個遊戲最後輸贏的方式都是錯的，究竟要怎麼才能把它玩得好？

◼ 投資股票可以從不賠錢？

　　在我踏入股市的初期，我特別愛參加券商舉辦的

免費投資講座。

　　有次在一場講座上，坐我旁邊的一位老阿姨和我分享她的股票經。我還記得她是這樣和我說的：「我這輩子投資股票從來沒賠過錢。你看，這是我在股市裡賺到的錢。」老阿姨秀了手機裡券商 APP 所顯示的已實現損益給我看。我印象很深刻，上面寫著已實現損益 +2,345,222。那是我人生第一次這麼近距離看到破百萬的對帳單，這讓當時還沒什麼市場經驗的我驚呆了！

　　想不到眼前這名穿著樸素的老阿姨，她的投資功力竟然如此了得！於是我趕緊追著她問：「那最近還有什麼標的可以買？」只見老阿姨可能是因為老花的關係，她把眼鏡推到額頭上，緩緩將眼睛湊向螢幕，慢悠悠地操作 APP。她將剛才「已實現損益彙總」的那個頁面切換到「即時庫存損益」，同時說到：「我找

一下我最近買的喔……弟弟你等我一下……奇怪……
在哪呢……」

　　與此同時，我餘光瞄到老阿姨的股票庫存頁面竟
然有足足8頁之多。更讓我吃驚的是，她的即時庫存損
益：–11,9✕✕,✕✕✕！帳面上一共虧損了將近1200
萬啊！

　　還沒等她找到那檔最近才剛買的標的，我問老阿
姨：「阿姨，妳的庫存怎麼會賠這麼多啊？」沒想到
她想都沒想就回我：「我沒有賠啊！我又還沒賣！」
從老阿姨堅定的語氣和眼神，我看得出來，她是真的
覺得自己沒有賠。

　　後來，我終於搞清楚了，原來老阿姨做股票的
必勝心法是：只有她買進的股票賺錢，她才會獲利了
結。至於那些沉入海底的，根據她的說法是：「總有
一天它們會翻紅的。」

說到這，也許大家會覺得老阿姨很搞笑。但根據我的長期觀察，我想整個市場裡可能有一半以上的人都和老阿姨一樣有這種認知偏誤。不是他們不願意承認自己的錯誤，而是他們真的發自內心覺得「只要沒賣就不算賠」。

◩ 我正在輸 vs. 我還沒輸

「只要沒賣就不算賠」是一個交易上的心理陷阱，也是每個人在交易之路上都必須跨過的第一道門檻。

根據行為財務學的研究，人們在面臨關鍵決策時，為了避免讓自己感到後悔，時常會具有不動作的傾向。

比起「停損後股價又回到買進成本」所造成的後

悔感，人們更願意承擔股價持續下跌的風險。基於心理上的偏誤，我們從來就不會記得自己因為正確停損而減少的損失。我們只會記得：「如果我當時沒停損，現在就不會賠了。」

這個心理現象也說明了，為何技術分析會將股價的前波高點視為壓力，因為過去在那個點位進場追價而被套牢的人，當股價下跌時他們往往選擇置之不理、視而不見，直到股價終於回到自己的進場成本時，他們才會嘆一口氣，心想：「呼！終於讓我解套了，這真是一檔爛股票啊！害我的資金卡了這麼久，我一定要趕緊賣了它！」

這就是解套賣壓。

可以發現，**一般人對於賺錢的部位幾乎都無法抱得太久，因為比起將來可能賺更多，他們更怕輸回去；反而對於虧錢的部位，他們倒是視死如歸**，甚至

有些人一抱就是一輩子。這，就是大部分的人無法在市場上長久獲利的主因。

為了抗衡這個心理偏誤，我們必須重新定義交易輸與贏的標準。

從今天起，如果今天收盤後的資產淨值高於昨天，那就是贏，反之則是輸。也就是說，如果你的帳面獲利從 10 萬減少到 9 萬，資產淨值因此比昨天少了 1 萬，那就是輸了 1 萬，而不僅僅是少賺 1 萬。我們必須每天進行損益的「歸零管理」，如此才能規避我們生而為人與生俱來的人性弱點。

以每日自身資產淨值增減作為市場輸贏的判斷標準之後，當部位對你不利時，才會清楚知道「我正在輸」而不是「我還沒輸」，停損才會因此變得更加確實，視野也將變得更加全面。

我建議每位有心從事金融交易的朋友，從現在開

始每天記錄自己的資產淨值，最好可以開一張 Excel 試算表繪製出一條屬於自己的資產淨值曲線。這麼做不僅可以更加了解自己的財務狀況，還可以在圖表上副標對比大盤走勢，進一步檢視自身資產淨值的成長幅度是否強於加權指數的報酬率。

◼ 你是否在合理化自己的虧損？

另一個常見的錯誤認知是：對於虧損部位的自我說服。

對於在做一筆交易前沒有進行縝密規劃的人來說，這是一個極為常見的錯誤。有時我們會因為盤面當下的上漲氣勢而買進一檔股票。最初的計畫只是想簡單做一筆當沖交易就好，你期待在收盤時能以更高的價格將其賣出。誰知道這股氣勢稍縱即逝，在你買

進成交後股價就變得疲軟不堪，直到收盤前再也沒有回到你的買進成本，於是你開始自我催眠：「日線格局看起來其實也不差，明天應該會續攻吧？不如給它一個機會，明天開盤再出好了。」就這樣，原先的當沖變成了隔日沖。

隔天開盤，股價再次不如你的預期以低盤開出，你開始搜尋盤面的新聞，試圖找出造成股價開低的理由。結果發現，似乎沒什麼特別的壞消息，於是你開始瀏覽這間公司的基本面資料：「這間公司幾乎每年的 EPS 都是賺錢的，近幾年的股利也配得不錯……長期持有的話應該也不錯。」最後，這筆交易由原先的當沖變成隔日沖，現在又突然變成長期投資了。原本只想賺短線價差的你，現在竟然開始期待公司明年配發的股利了。

這種不斷找新的理由來強化自己虧損部位持股信心

的行為，無非就是還不願承認自己的失敗。你不停為自己辯駁，好讓自己在他人眼中看起來像是個成功的投資人。**有時候你覺得自己還沒輸，但其實你早就已經輸得徹底，這就是典型的自我催眠，也是所有市場參與者最常犯的錯誤之一。**

進行每一筆交易之前，事前的規劃是很重要的。每一筆交易的持倉周期，在進場前就應該決定好；進場後，如果你預期的事情沒有在一定期限內發生，就該勇於承認自己的錯誤，果斷停損。切記，無止境地將時間浪費在同一檔標的上，某種程度上也是損失另一種成本。

怨天尤人之人，總是「為別人的成功找理由，為自己的失敗找藉口」。要知道，這個世界本就不可能實現絕對的公平。唯一公平的是，每個人都被迫活在這個不公平的世界裡。而所謂的公平與否，一切都是相對比較出來的。

2-4

思考方式能決定獲利多寡？

　　不知道從什麼時候開始，我們的社會瀰漫了一種仇富心理。比如每當看到 20、30 歲的小夥子開著千萬超跑從眼前呼嘯而過，大部分的人總是會下意識地負面思考：「他一定是富二代。」「他一定在做偏門生意。」真正會仔細思考「他究竟如何做到？」的人，反而少之又少。畢竟比起重新開始努力追趕，將他人的成功歸因於「那是因爲他×××，所以他才有今天」，顯然比較能讓當下不如意的自己心裡好過一些。

　　我認爲贏家與輸家最大的差異，從來就不在於他

們出生時的先天優劣，而是他們的「思考」方式，一個思想不富裕的人是永遠不可能成功的。

那些習慣將自己的失敗甩鍋給外在因素的人，就屬於思想不富裕之人；那些看到成功人士給出建言卻嗤之以鼻的人，也屬於思想不富裕之人。

當你不願意相信多數人的成功可能僅僅是憑一己之力，你便永遠不會成功，因為你打從心裡就認為自己無法成功，那麼誰也幫不了你。

如果大家有在追蹤一些財商媒體的社群，一定可以發現，每當它們報導一些在投資市場上成功致富的案例時，酸民的吶喊總是不絕於耳，其中最大宗的直覺反應莫過於：「他的本金從哪來？」

▣ 擁抱萬貫本金，不如純熟交易技術

不可否認，股市裡的輸贏就如同作戰一般，本金就像是你能控制的所有兵力。當你的兵力越多，能做出的部署與策略就越多元，這是理所當然的，但這是否代表錢多的人就具備絕對優勢？那倒未必！

很多人認為本金就是複利之母，總是把自己賺不到大錢的原因歸咎於自己的本金不足。但我必須說，一名厲害的交易員，就算今天只給他 5 萬、10 萬（我想這個金額應該是誰都能靠勞務工作存到的本金），或許頭 2 年他能賺到的不多，可能只有 30、50 萬。但我相信，如果再多給他 3、5 年的時間，他依舊能創造出千萬的身家。

要知道，小資金有小資金的優勢。當你的資金小，你的倉位可以在市場上靈活進出，交易時幾乎不

用考慮商品流動性的問題，無論是進場或出場都能比大資金來得相對果敢；當你的資金小，缺點是少了資金調度的餘裕，有時候一進場就等同於全數 All-in。當你發現市場上有更好的交易機會時，難免會顯得有些分身乏術。

對於真正會賺錢的人來說，比起原始本金的多寡，他們更在意自己的交易技術是否純熟；反觀在市場上賺不到錢的小丑，才會一直合理化自己的無能。試想，如果一個人連小資金都無法完全掌握，又豈能奢望他操作大部位時就可以穩定獲利呢？

進入交易圈這 10 年來，我親眼看過許多成功操盤手從零到有。相較於一開始便擁有一筆資金的人，這些白手起家的人面對損益波動時，往往更能控制自己的情緒反應。畢竟，在他們的交易歷程裡，每天的損益是逐漸放大、逐漸適應出來的；反倒是一開始就擁

有「無償資本」（如親友贈與、股東募資）的人，大多都經不起市場上的打擊，常常在經歷幾次失敗後便黯然離場。

還有一種人，每當發現自己與對手的差距過大時，總是出於劣根性，希望對手會因為自己的一次失誤而跌入深淵，而且最好是從此一蹶不振的那種，因為這樣就能輕易拉近自己與對手的差距。可是他們卻忘了，高手之所以為高手，往往不在於他們到底有多強，而是每次面臨失敗後，他們都能記取教訓，並且迅速地重新站起。

過去有一段話在網路上很火，雖然簡單卻意義深遠，值得玩味：

「成功者，先相信後看見；普通人，先看見後相信；失敗者，看見了都不信。」

2-5

你繳智商稅了嗎？

　　什麼是「智商稅」？一般指的是：一個人因缺乏相關知識，在不完全了解某事某物的情況下，支付了不必要的費用。

　　在日常生活當中，智商稅無所不在。大約在幾年前，中國大陸傳出一種名為「量子波動速讀」的課程，號稱上完課後就能在 5 分鐘之內看完一本 10 萬字的書，讓人達到真正一目十行、過目不忘的境界。

　　在課程的宣傳影片裡，多名年約 10 ～ 16 歲的兒童正以飛快的速度「搧閱」手中的書籍。速度之快，

堪比點鈔機點鈔的速度。5 分鐘後，同學們闔上書本，一旁的講師開始抽問：「第 104 頁的內容是什麼？」只見一名同學不疾不徐，精確地說出第 104 頁的內容。

這神乎其技的宣傳影片，簡直燃起那些望子成龍、望女成鳳的家長們熊熊的希望之火。他們心想，要是自己的孩子能習得此技，將來高考豈不是穩操勝券？與此同時，主辦單位更祭出「限量名額」的飢餓行銷。家長們見狀，紛紛爭先恐後、不假思索地填妥報名表並繳付極其昂貴的學費。

「這就是一個典型的詐騙行為，應當按照詐騙罪來定罪量刑。關鍵是，如此低劣的騙術也仍然會有家長被騙，根本上是缺少基本的科學常識，可謂是繳了『智商稅』。」一名中國律師在新聞媒體上說到。

不要說 5 分鐘看完一本書了，以這種一秒翻 3 頁的速度，我看根本連一個字都很難看得清楚。這顯然

已經不是科學常識的問題，而是判斷力的問題！不過，相較於受害者的愚蠢，施以詐術的詐欺犯更是可惡至極。

▣ 股市智商稅，你繳了沒？

你是否曾經看過坊間各種投資達人的免費分享會，比如：「無本當沖術，每天賺 3,000 到 6,000 元」「交易 SOP 超簡單」「不盯盤投資」……通常這些投資達人會在分享會上告訴你，自己過去是怎麼經歷了破產，然後又因為突然體悟出了什麼「投資心法」，於是就靠著這一套心法，重新在市場上發家致富的故事。

當然，在免費的分享會上，達人們是絕對不會告訴你這個「投資心法」的。他們通常會打著「知識有

價」的旗號，理所當然地向你索取課程費用，而且是非常昂貴且不合理的金額。

在我剛進入市場的時候，這些有著聳動標題的投資課程也曾深深吸引著我。彷彿只要繳了學費，自己就能快速有效地向眼前這名看起來「像」市場贏家的老師學個一招半式。

很多人都有一種錯覺：只要是自費花錢上課，就是對自己的一種投資。但他們都不知道，其實這些都是詐欺商人設下的典型圈套。你所繳的學費，根本就和把錢丟進水裡一樣沒什麼區別。

聰明的詐欺商人深知，知識就是一種模稜兩可且無法估算確切價值的產品。同時也因為知識具備這種「見仁見智」的特性，所以商人們才得以漫天開價。反正學費先收了，學不會？那也是你家的事（當然很多時候老師根本也沒教什麼）。

▣ 投資課程合法詐欺你的錢？

還沒能於市場上穩定獲利的時候，我也和多數人一樣每天於市場上載浮載沉。雖然我心裡堅定地知道，交易就是我這輩子最想做好的一件事，我卻怎麼也做不好。

我每天在市場上消耗自己的勞務所得。每個月靠勞力賺來的錢，遠遠不及在盤中 3、5 分鐘之內就能輸掉的數字。我的存款一天比一天少，生活漸漸捉襟見肘。每當我點開累積一段時間的對帳單，看著螢幕上顯示的負數總額，總是會仰天長嘆問自己：「我到底在幹嘛？」

當一個人陷入虧損的暗黑深淵，內心往往容易變得脆弱。而脆弱的人通常都有一種通病，他們就像掉進水裡要溺死的人，哪裡有浮木便往那裡抓。為了活

下去，哪怕只有一絲希望、哪怕眼前這一絲希望多麼不合常理，他們都願意奮不顧身下去一試。就像那些華而不實的交易課程廣告文宣，對於許多在金融市場上穩定虧損的人來說，彷彿是沙漠裡的綠洲，再次給了他們重生的希望……

虛華的廣告文宣通常都會有幾個共同關鍵字：「交易超簡單」「低風險、高報酬」「上班族也適用」「輕鬆賺錢」「不用盯盤」「一條均線打天下」「今天學會，明天馬上開始賺」……

總之，他們就是要向你灌輸一種錯誤的預期，讓你覺得只要上完課，交易就會變得超簡單，賺錢就會變得超輕鬆。

我一直很好奇，如果交易真的這麼輕鬆、這麼好賺，這些老師幹嘛出來開課？在家頤養天年難道不好嗎？關於這個問題，我聽過最可笑的答案是：「因為

自己曾經苦過，所以我決定出來開課救贖散戶。」我的天，既然是救贖，為什麼你還要收學費啊？

2017 年，由於我開始在網路交易社群發文，因此後來有所謂的課程行銷團隊找上我，向我提出合作開課的計畫。合作的方式是由我擔任課程講師，他們負責招攬學生，分工合作，利潤則是 55 拆帳。

他們向我展示一系列過去的成功行銷案例。比如○○○的當沖課程，一年光靠學費就賺了千萬以上。和我接觸的窗口更私下透露：「其實這個老師做交易根本沒賺錢，所以我相信，如果你來教，學費一定可以收得比他多！」

「什麼？交易沒賺錢卻可以開交易課程？這是什麼鬼邏輯？」

「反正課程賣得動就好了啊，總是會有人覺得自己有學到一些東西啦！」

我看了看○○○當沖課程的一頁式網站文宣，斗大的幾個標語寫著：「無本當沖，無需本金，每天輕鬆獲利。」接著我問：「你們這麼蠢的文案有人會信嗎？一看就知道漏洞百出啊！交易哪有這麼簡單？」

　　「放心啦！我們的TA（目標客群）是『三低族群』啊，他們不會懂的。」

　　「三低族群！？什麼是三低族群？」我納悶地問。

　　「就是低智商、低所得、低學歷啊！」他絲毫沒有遲疑地回答我。

　　「你們這根本是詐欺啊！」

　　「喂……不要說得這麼難聽，只要你有實力就不是詐欺！我們負責的是把課程賣出去，至於老師的實力如何，上過課的同學自有公評。」

　　「不，我說的是你們的行銷文案。交易哪裡超簡單？交易要賺錢，一點也不輕鬆！」

「反正你再自己考慮考慮，如果有興趣合作的話再和我說囉！如果你不想走這種浮誇的風格，文案上我們可以再做討論。總之，這是一個賺快錢的方式！」

　　我承認，對於當時的我來說，比起辛辛苦苦操盤，一年了不起也只能賺個200～300萬，如果現在只要花點時間出來開個課就能收獲千萬，確實是挺吸引人的。但身為每天在市場進出的專職交易人，我想自己應該比誰都清楚，若想在交易這個領域成就穩定獲利的心性，過程中要付出的努力、要犧牲的歲月，絕對不是一般人所能想像的。如果今天為了賺這些學費，要我親口向別人說出：「交易超簡單，上完我的課後就能馬上開始賺錢！」這種昧著良心的話，我還真說不出口。

　　由於我真心鄙視這種荒唐浮誇的行銷路數（或者可以說是詐欺路數），所以有關這次合作開課的提案，

後續自然也就無疾而終。

　　後來，我又陸陸續續收到許多來自不同行銷團隊的邀約，多數都還是以胡吹亂捧的行銷手法爲主，但還是有少數務實去華的誠實團隊存在。其中有個資歷較淺的團隊就是走這種誠實路線。他們過去只做過一次課程，正好也是我自己花錢上過的課程。相比前述妖魔鬼怪課程的課後市場評價，他們辦的課程眞的可以說是近乎零負評。

　　「如果連在市場無法賺錢的人開課都可以開得風生水起，我相信以你過去幾年的績效來說，市場的反應一定不會比他差。但爲了把關學生未來上課的權益，合作之前，我們一般會要求講師在我們面前登入自己的下單帳號，並開啓歷史對帳單，以確保所宣稱績效的眞實性。」誠實行銷團隊的人這麼對我說

　　有了這一道把關，我的心踏實不少。最終在幾次

交涉遊說後，我認爲彼此的理念相近，我們也一致認爲：「錢可以少賺，但做人必須誠實。」所以爲了能在短時間內多累積一點積蓄，我決定下海一試。想不到這個決定，竟然讓我看清爲何多數的市場參與者最後都註定成爲輸家。

2-6

90%以上的投資理財課程都不值得上

我曾經看過幾個關於老師下地獄的故事,其中有兩段特別令我印象深刻:

從前有個十惡不赦之人,生前無惡不做,經常偷拐搶騙、姦擄燒殺。他自認,倘若死後的世界真有18層地獄,自己必將墜入地獄最底層。果然,此人死後毫無懸念地被閻王判往第18層地獄。有次在受刑的過程中,他赫然聽到地底下竟還有其他受刑人哭喊嚎叫。

他轉頭望向行刑人詢問:「此人生前何罪?為何處於第

19 層地獄？」

　　行刑人回答：「此人生前乃教書先生，因誤人子弟被判往最底層地獄。」

　　另一個故事則記載於清代筆記小說《閱微草堂筆記・如是我聞三》之中：

　　曾有一書生名為宋半塘，因始終考不上科舉，最後只好在私塾教書。後來他得了重病，久治未癒。一日夜晚，他夢到自己來到陰間，恰巧碰到一位地府官吏正是已往生多年的故友。

　　書生向對方詢問：「我來此是否因重病而亡？」

　　只見冥官回答：「你雖壽數未盡，但祿數將盡，恐怕不久後真的要來這裡了。」

　　書生再問：「我生前從未做過傷天害理之事，為何我的祿數將盡？」

　　冥官嘆了口氣說道：「你做為一名教書先生，收受他人

財物卻沒有憑良心好好教書，陰司認為無功受祿視同偷盜，對於爾等之人將減其祿運。」

書生聽完後驚醒，病情果真日益嚴重。直到臨終之前，他才向親朋好友告誡，做人務必恪盡職守，尤其身為教師，更不應該誤人子弟、違背道德，否則世間因果循環，不是不報，只是時候未到。

由於我深知為人師誤人子弟的因果輪迴，所以我決定，既然都要下海開課了，便期許自己「一定要做個肯說真話的講師」，並主打務實、不浮誇的課程。於是，我開始和行銷團隊一起籌備我的第一場分享會。

◼ 開股票課程，上到賠錢

經過幾個月的努力之後，我的第一場分享會終於

上線。印象中，當天來了約莫 100 人，現場可以說是座無虛席，甚至有些人是站著聽完我整場 2 小時的分享。會後，由於大家的發問意外踴躍，QA 時間更是硬生生延長了快 1 小時才結束。本以為我知無不答、言無不盡的表現，能讓現場的與會者提高報名課程的意願，誰知道當天分享會結束，行銷團隊計算完所有人的報名回函後，竟然和我說：「你第一場分享會的轉換率是……0 ！」

也就是說，當天現場雖然來了近百人，卻沒有一個人報名！想不到我花了將近 2 個月準備，換來的卻是一場空！

後來我們開了一個檢討會，回放當天分享會的錄音檔……我聽著自己的聲音說：

「這堂課不是要教你們交易的 SOP，而是要以我的經驗告訴你們，如何認識自己並找到屬於自己的交

易方式。所以即使你們上完課，我也無法保證大家一定能馬上在市場上賺到錢。但我敢肯定的是，你們日後在市場上努力的方向一定會是正確的。」「短線交易瞬息萬變，如果你是上班族，我建議你不要當沖。」

行銷團隊一致認為就是這2段話讓大家打退堂鼓。

「還是下次這些話就不要說了？」行銷團隊中的一名成員這麼提議。

「不行，合作前我就已經說了。出來開課，我只講真話，我不想欺騙大家。」我再度重申交易要賺錢本來就不容易，我不想說假話。

之後的幾場分享會，來的人越來越少。我記得很清楚，甚至到了正課開始，教室裡18個座位，最後只坐了6個人，其中有2個人還是行銷團隊成員怕場面太尷尬喬裝的，實在是有夠慘。

一直到正式課程結束後，我們統計所有租借場

地的租金、人事開支及廣告投放費用，很不幸地一共「賠」了4萬多元。按照先前的約定，我們各自吐了2萬多出來。真的可以說是賠了夫人又折兵、浪費時間又賠錢。

這件事告訴我，比起誠實以對，多數人更喜歡好聽的謊言。我想，我可能是全台灣唯一出來開股票課程開到賠錢的人。

一直到現在，我還是想不透。明明我說的都是真話，為何沒有人願意買單？反倒是坊間那些以開課之名行詐騙之實的騙子，有些人甚至還有詐欺案底，卻各個都靠學費賺得盆滿缽滿（相信我，交易圈很小，一個老師會不會賺錢，市場上問2圈就知道）。這些人最後一定都會下地獄！

▣ 別再傻了！這些人都在騙你！

　　其實「投資課程」就是典型劣幣驅逐良幣的市場。會賺錢的人和你說實話，卻怎麼說也說不贏那些把交易技巧講得輕鬆寫意的騙子。而且真正能在市場上賺到大錢的人，多半不會想出來開課。畢竟誰願意把自己賺錢的工具公諸於世呢？況且學費再怎麼收，一定也沒有他們自己在市場上賺的多。與其要這些人把時間花在開分享會或準備課程上以賺取這點學費，我想他們更願意把這些時間拿去遊山玩水、享受人生。而且，一個能賺錢的策略當然是越少人知道越好，如果大家都知道，未來它還有什麼優勢可言？要知道，同樣的策略越多人使用，執行的效果就會越差，這絕對是無庸置疑的。

　　所以，會願意出來開課的老師大概只有 2 種：第

一種人，他能在市場上賺到錢，但賺到的錢遠遠不及自己出來開課可以收到的學費，所以願意出來開課，就像幾年前的我一樣；第二種人，因為他在市場上賺不到錢，甚至是因為自己先前在股票市場賠到負債累累，最後只能透過浮誇的行銷包裝出來開課騙學費。

正在看這本書的你一定要有個覺悟：身為門外漢，若想學習一件陌生事物，相信專業固然是最保險的做法，但這個專業是大家認可的專業，還是老師單方面的自吹自擂？在從口袋裡掏出學費前，這些都必須仔細查證。

過去，我也上過許多自稱是投資達人所開設的課程，有的要價不菲，有的平易近人。依照我自己多次入坑的經驗，我發現無論是哪種價格的課程，只要你有心，其實大部分的內容都可以在市面上的財經書籍找到。

以下，我幫大家整理出幾個常見的課程行銷手法，希望大家可以把錢花在其他更有意義的地方，不要再輕易上當受騙：

1. 老師一定經歷過破產

你一定聽過類似的故事：曾經在股票市場上賺到錢的人，後來因為種種原因輸到一無所有。於是他痛定思痛，突然悟出一個「神祕操盤心法」讓他再次致富。現在之所以會出來開課，單純是因為自己深知散戶賠錢的苦，所以決定在自己致富之後出來降世救人（但是要收學費）。

大家可以在許多坊間投資課程的文案裡發現，幾乎 10 個老師有 9 個曾經破產。為什麼一定要強調自己破產過呢？因為這樣容易給人一種「連破產到沒本金的人都能重新致富了，那我一定也可以！」的錯覺，而

行銷就是掌握這種散戶的錯覺才讓課程大賣的！

　　事實上，老師可能根本就沒有破產過。但這絕對不是在說他們有多厲害，而是因為他們從來就沒真正富有過。既然不曾有錢，又何來破產一說呢？有啦，如果本金從 10 萬賠到歸零就算破產，確實可能可以經歷好幾次破產。

2. 價格區間的設計

　　關於課程要賣多少錢，其實這也是有所講究的。根據行銷團隊的說法，市場上有個奇怪的現象：如果你的課程賣得太貴，貴到大家買不起，那一定不會有人報名。這很容易理解。但是，若你售價訂得過低也不行，別人會因為便宜的價格而不願相信它真的有其價值。

　　那麼市場最能接受的行情價在哪呢？一名資深的

課程行銷人員透過以往推案的市場反應給出了答案：「3 到 5 萬之間。」其中最常見的數字為 39,800 元到 49,800 元之間，可能因為這是一般上班族都能支付得起，同時又不會造成太大負擔的價格，所以這個價格區間所能創造的轉換率往往是最高的。

也就是說，有些課程明明只值 3,000、5,000，為了達到最大成交，他們卻必須賣你 3 萬、5 萬。這個訂價並不是老師想多賺你錢，而是大家就是喜歡繳這麼多學費。很奇怪吧？至於什麼叫做只值 3,000、5,000 的課程？有些主打上課時數達 8 小時的課程，但有一半的時間是在教你如何開戶、什麼是股票、什麼是期貨、如何安裝看盤軟體等只要到書店投資理財區隨便抓一本書都有介紹的常識，這樣的課程就是。

3. 宣稱「任何人」都能學

　　做交易的這幾年裡，我認為從來沒有一種交易策略能同時適用於所有人。交易必須適性而為，每個人都是不同的個體，除了個性可能完全不同，對於風險的接受程度也必不相同，所以自然不會有大家都通用的策略存在。

　　還是前面那句老話，越多人使用的策略，效果越差。主打「任何人」都能學，這只不過是行銷擴大目標客群的方式罷了。

　　有些老師會強調，他所教授的當沖交易策略連上班族也適用，學員們只要在9點開盤後預掛好幾筆委託單，就能不盯盤輕鬆獲利。這樣不僅能顧好本業，同時還能增加透過交易賺來的業外收入。這種說法讓許多上班族心動不已，但我個人對此是非常嗤之以鼻的。當沖交易到底要怎麼不盯盤？短線交易的世界瞬

息萬變，如果賺錢有這麼簡單的 SOP，那豈不是富翁滿街跑？

行銷之所以要一直強調「上班族」也適用，原因就在於上班族是他們的最大目標客群！年輕一點的學生族群沒有工作、沒有收入，支付不起昂貴的學費；在職場工作一段時間的青壯年族群，多半想逃離日復一日、枯燥乏味的工作生活，同時他們的口袋裡也比較有餘裕能支付課程費用。因此只要稍加洗腦，畫出一個能讓上班族脫離工作苦海或增加額外收入的大餅，自然就會有許多腦波弱的上班族上當受騙。

如果你是一名上班族，我勸你還是盡早打消做當沖交易的念頭吧！以資訊接收的頻率來看，上班族絕對無法一直盯著看盤軟體。就算可以，也要時時刻刻提防老闆會不會走到自己背後。

反觀專業的短線交易客，有著最快的網路速度及

數台同時閃爍的報價螢幕。兩相比較之下，你的勝算又有多少呢？

總而言之，**所有告訴你交易超簡單的人，不是心懷不軌就是別有居心。學習交易這件事，沒有速成，只有累積，最好的老師就是歷經風霜的自己**，千萬不要癡心妄想上了一堂課後就能日進斗金。交易，往往沒有你想像中那麼簡單。

也許你想問，既然上課不行，是否有其他方法能自我精進？

對於這個問題，我的回答一律是：看書！

我相信比起花 4 萬、5 萬的學費去上幾個小時的課程，如果把這些錢都拿去購買相關書籍（當然你也可以去圖書館借閱），花個 1、2 年好好閱讀它們、理解它們，在這過程中能學到的知識絕對會超乎你的想像。

記住，學習交易是一種循序漸進的累積，如果你

覺得比起幾個小時的課程,看書所花的時間顯得曠日廢時,那我建議你還是早早離開這個市場吧!

03

創造屬於自己的策略

有些交易人無法忍受隔夜風險，所以最後選擇只做當沖；
有些交易人的風險承受度更低，所以最後只做套利。
每種交易策略的風險程度與獲利能力都不相同，沒有絕對的好壞。
重要的是，你必須找到最適合自己性格的策略。

在交易這條道路上，
學會「創造自己的策略」遠比「執行他人的策略」來得更重要。

3-1

透析規則，創造優勢

　　2012 年，我在學校的布告欄看到：

　　「虛擬投資競賽英雄帖，高額獎金等你來挑戰……總獎金高達 3 萬元！」

　　這是我人生中參加的第一場校園虛擬投資競賽。毫無懸念地，沒什麼參賽經驗的我並沒有上榜……

　　但隨著參賽經驗的增加，我開始掌握住這個遊戲的技巧。2 年後，我成為校園投資競賽的常勝軍，更時常透過「競賽規則裡的漏洞」包辦所有競賽獎金。曾有人說我是因為鑽漏洞而勝之不武，只能活在虛擬交

易的世界裡，若是在真槍實彈的市場肯定不堪一擊。
當時的這番言論一直沒有定論。

直到 10 年後的今天，我成為一名專職操盤人，用
行動證明當年「研究競賽規則」的精神，在現實中依
舊管用。

■ 最聰明的孤注一擲

剛開始參加這種虛擬投資競賽時，我和大多數的
投資人一樣，貫徹著多位知名投資大師的理念，沒日
沒夜地尋找著市場上最有潛力的公司。

我習慣把總資金分成 10 等分，同時配置在不同的
股票上。就像許多投資大師說的：「別把雞蛋放在同
一個籃子裡。」這麼做確實帶給我許多安全感，畢竟
我分散了風險，同時也降低資產淨值的波動。對我來

說，這儼然就是一個穩健取勝的做法。

　　我原本對自己的投資計畫充滿信心，但隨著1、2場競賽過去，我屢戰屢敗，才發現這個方法在虛擬世界裡根本不管用。因為在仿真環境下，沒有人會把風險擺在第一位。畢竟如果風險意識太高，報酬肯定衝不上去，而這也意味著你永遠不可能贏得比賽。

　　換句話說，學校舉辦的這種虛擬投資競賽，姑且只能說是單純模擬了現實世界的買賣規則。這或許能讓同學更加了解股票買賣的流程，以及損益計算的方式為何，但對於實際操盤技巧的提升其實毫無幫助。

　　相比在競賽一開始就閉著眼睛孤注一擲的人，認真選股又同時顧及風險的參賽者，真的可以說是啞巴吃黃蓮。顯然，很多時候他們並非輸在實力，而僅僅是輸給了二分之一的運氣。

　　自從有了這種體認以後，我開始思考，既然孤注

一擲是這個競賽的唯一出路，那究竟要如何才能做到最聰明的孤注一擲？

首先，我想可以運用槓桿倍數：

如果今天起始資金是 1000 萬，A 參賽者在第一天全數買進同一檔股票，在零槓桿的情況下，他到次日的可能報酬至多也不過 7%（當時的漲跌幅限制仍是 7%）；如果是以融資買進，以自備款 40% 來說，槓桿倍數為 2.5 倍，那麼次日的可能最大報酬率就會是 17.5%。算法如下：

現貨買進（0 槓桿）：10,000,000（市值）

次日可能最大報酬率：

10,000,000 × 7% = 700,000

700,000 ÷ 10,000,000 ＝ ＋7%

融資買進（2.5 倍槓桿）：10,000,000 × 2.5 = 25,000,000（市值）

次日可能最大報酬率：

25,000,000 × 7% = 1,750,000

1,750,000 ÷ 10,000,000 = + 17.5%

所以，槓桿倍數決定了整體報酬的最大範圍。這代表著誰能將槓桿開至最大，誰就越有機會贏得比賽。後來，為了取得勝利，我又更進一步地更換了商品：

買進台指期貨（19.2 倍槓桿）：

當時台指 1 口保證金為 83,000；指數約為 8000 點

8000 × 200 = 1,600,000（市值）

1,600,000 ÷ 83,000 = 19.2（倍）

若以 1000 萬的資金來說，我一共可以買進 119 口，也就等同於持有 1.9 億元市值的股票。比起融資買進，這根本可以說是虛擬投資競賽的勝利方程式。

　　再來，如果只是拿自己的帳號孤注一擲，那勝率也不過就只有二分之一，所以我開始慫恿其他同學報名競賽。我的計畫是：我要在一開始就分別使用不同帳號多空對賭，這麼一來，無論隔天的行情是漲是跌，在槓桿倍數開至最大的情況下，就能確保整場競賽的第一名和最後一名都是我。

　　印象最深刻的一次是，我一次控制了 10 個帳號，在第一天公布競賽排名後，我的人頭帳號就一路霸榜前 5 名至競賽結束。當時年輕氣盛的我，甚至還按照排名的順序改了每個帳號暱稱，大喇喇地在排行榜上寫下「來」「追」「我」「啊」「！」5 個字！現在想想，

還真是年少輕狂啊！

　　為了更貼近現實生活中股票型基金的法律規範，所以常規投資競賽的規則，一般都有所謂的「部位限制」。通常會要求參賽者每天持有至少 70% 的股票，且每檔持股不得超過總資金的 10%，同時衍生性金融商品比重不得超過總資金的 5%。正是因為有持股須達 70% 的限制，主辦方通常會將競賽開始後的 5 天列為「部位建置期」，為的就是讓參賽者有足夠的時間建立股票部位。若參賽者沒有在這 5 天內達到這個規範，第 6 天起則視同違規，將會被懲處總報酬 −1%，直到改善為止。

　　基於這個限制，很多參賽者在競賽初期就急急忙忙地買進股票，好讓自己的部位盡快符合主辦單位的規範。但是就我的認知，所謂的「部位建置期」，基本上就是「規則豁免期」。也就是說，在這 5 天內無論

做什麼事情都不會被處罰。

　　而我就是利用這 5 天的「規則豁免期」，盡情利用多組不同帳號多空對押，直到第 5 天收盤前，再將部位調整至符合規範的狀態。通常我會在第 5 天收盤前，將衍生性金融商品的部位平倉，並透過現買券賣的方式進行部位對鎖，以維持戰果。

　　所以，這看似為期 1 至 2 個月的競賽，對很多懂行的人來說，其實競賽的結果早在第 6 天就已經大致底定了。

　　有很長一段時間，我用這個方式在各校之間的投資競賽大殺四方。有時候是我本人的名字上榜，有時候是我的人頭上榜。對我來說，無論是誰上榜都無所謂，因為沒有什事能比得上這種掌握全場輸贏的快感了。

　　直到有天，我的競爭對手出現⋯⋯

▣ 股市贏家絕非選股大師，更不是技術分析之王

在某一次的跨校競賽，我一如往常地故技重施，想不到競賽開始的第 1 天，當天下午排名一開出來，我成績最好的帳號竟然僅僅位列第 3 名。我看著自己和第 1、2 名之間的差距，頓時有些慌張。心想，原來這個賽場上不是只有我會這種土炮對押法。

於是，不服輸的我開始思考，究竟還有什麼方法能在競賽結束前讓我力挽狂瀾。雖然我自己心裡很清楚，按照過去的經驗，基本上在「規則豁免期」的排名，到結束前鮮少會再有變動，但我總覺得，一定還有什麼方法是我不曾想過的。

在大幅落後的情況下，我知道對於這種短期的競賽來說，該比拚的絕對不是常見的投資技法。因為我沒有足夠的時間等待股票的題材發酵，我必須在競賽

結束前，每一天都讓自己的報酬率有所成長。

當天晚上，我仔細尋思著，究竟怎麼做才能買到隔天會上漲的股票？我看著報價上紅綠相間的數字，忽然間靈光一閃：「大部分今天漲停的股票隔天都會續漲，那麼假如我每天都買進當天漲停的股票，然後在隔天賣出，這樣一路複利到競賽結束，或許還有一線生機。

「不過漲停板大部分在盤中是買不到的，因為有委託單排隊的問題。

「等等⋯⋯模擬交易系統有辦法模擬真實市場上的委託單排序嗎？

「明天試試看就知道了。」我和自己對話著。

隔天一早，我看著盤前的財經重點新聞，碰巧看到一條消息：「某海外控股公司以溢價 104% 之幅度現金收購○○公司流通在外股權。」

看到這條消息，我喜出望外，趕緊在開盤前把單子掛進市場搶漲停。9點一到，這檔標的在開盤後就以漲停之姿，一價鎖死到收盤，而我在模擬交易系統上的單子則是和原先猜測的一樣全數成交！果然！模擬交易系統沒有排隊成交的邏輯！

　　在發現這個重大漏洞後，我內心的希望之火再度重新燃起。我開始每天尋找漲停的股票，成交著真實市場上成交不了的委託單，日復一日做著重複的動作：買進漲停，開高賣出。

　　日子一天天過去，隨著比賽進入尾聲，我和冠亞軍的差距只剩一步之遙。看著他們從競賽開始後就再也沒變過的報酬率，這肯定是我參加這麼多場競賽以來最辛苦的一次。

　　競賽結束的倒數第 3 天，離奇的事情發生了，原先名列第 2 的參賽者竟然自爆到了百名之外！看著最新

的排名，我暗自竊喜著，但當我看到第 1 名的績效大幅成長 60% 時，我才發現原來這是一個犧牲打！想不到這名未知的競爭對手竟然為了保全第 1 名的獎金，最後關頭又再一次使用競賽初期的伎倆，將第 1 名和第 2 名的帳號進行多空對賭。

現在，我和第 1 名的差距從原本的一步之遙，擴大到了天差地遠。這一次，我真的再也無力還擊。競賽終了，我得到第 2 名，雖然有點不甘心，但也不得不由衷佩服這名可敬的對手。實在是太厲害了！

事實證明，雖然舉辦虛擬投資競賽的立意良善，**但各種競爭下，真正能獲得名次的人，一定不會是選股大師，更不會是技術分析之王；唯有完全透析規則的人，才最有可能成為真正的最後贏家。**

3-2

遵守一般遊戲規則？
另闢蹊徑才能搶得先機

　　你是否曾想過，當一檔股票遇到重大利空而出現連續跌停走勢，誰能在第一時間掌握券商的融券配額進行融券放空？

　　一般常見的方式是：8 點半一到，當市場開始接受盤前委託時，我們會向所屬的券商詢券，若有券，我們會以最快的速度送出跌停融券賣出的委託占用住此配額。但在配額有限的情況下，時常 8 點半一到額度就瞬間被搶光。畢竟想放空的人越多，券就越難搶，

這是理所當然的。這是「最常見」的搶券方式，也是幾乎人人都知道的遊戲規則，所以如果還在用這種方式和其他人競爭，其實是不具優勢的。

按照我過去的經驗，關於「融券配額」的分配，其實在各家券商之間並沒有明確的統一規範。也就是說，A 券商和 B 券商之間的遊戲規則可能完全不同。有些券商在前一天關帳時就可以幫特定人士留券；有些券商的券源則有北中南區之分，可能你看到系統上顯示無配額，但實際上券商卻可以透過北券南調的方式協調給客人……這些都是一般散戶難以知曉的競爭深水區，也正是中實戶或大戶常見的優勢來源之一（註：每一間券商的規則都不太一樣，麻煩讀者們不要拿本書去質問券商）。

當然，關於「重大利空鎖跌停」的策略，也不是有券就一定贏。若你手上有券，也僅代表著你具有「融

券留倉」資格，能不能賣出成交又是另外一回事了。

我一再強調，交易務必「透析規則」。

當一檔股票遇到重大利空，且在盤前試撮合階段就已跌停，我們要如何掛單才能提高融券賣出的成交機率？

首先要有的第一個觀念：雖然台股在 2020 年 3 月 24 日起，「逐筆交易」的制度正式取代過往 5 秒撮合一次的「集合競價」，但盤前集合競價的制度仍保留至今，所以盤前的委託單依舊沒有時間優先的問題。也就是說，無論你在 8 點半到 8 點 59 分 59.9999 秒之間的任一時間點掛出委託單，都不會因為你掛單的快慢而影響成交的先後順序，真正影響開盤成交機率的是掛單的「**筆數**」。

打個比方，如果一檔股票盤前即亮燈漲停，經過你的判斷，認為隔天續漲的機率極高，就可以透過大

量掛單的方式提高成交機率。基於交易所是以「筆數」為計算基數，所以「1 筆 100 張」和「100 筆 1 張」，自然是後者的成交機率較高。因為這形同你一次往摸彩箱裡丟了 100 張小獎摸彩券，聰明的人如果要拚中獎率，當然會選擇以「100 筆 1 張」的方式掛出。

　　不過如果你自認天選之人，非要以「1 筆 100 張」的方式掛出，雖然成交的機率不高，但如果中了就是大獎獨得，交易所會在這筆委託單全數成交後才換下一筆委託單。

　　總之，身為資金不多的小散戶，若想提高搶第一盤漲跌停股票的成交機率，在盤前多掛幾筆單絕對是必須知道的技巧之一。

▣ 透過程式輔助搶券，竟被懷疑攻擊券商系統

市場上常見的「占券手法」與券商的應對措施是這樣的：

有時候想要取得融券的配額，不一定只有在盤前跌停的時候。比如我們預計要在某檔股票於盤中達一定價位時進場放空，賭波段行情會於當日反轉，那我們便可以在盤前或盤中將券商剩餘的配額搶先占用下來。

這裡的「占用」指的是：不以成交為目的，將券商的融券配額實際掛到市場上做為己用。例如：當下券商的配額還有 100 張可供投資人使用，我便會先將這100 張配額以漲停價融券賣出的方式掛出。由於漲停價距離當前市場價格還有段距離，所以幾乎不會成交，這樣就能使券商的融券配額歸零，以防止他人挪用。

等到真的想將單子成交時，我會再以「改價」的方式改低委託價，如此便能確保自己在有券的情況下擇時賣出。

不過，有些券商不太歡迎「占券」的人，畢竟券商開門就是要賺客人的交易手續費，單純掛單「占券」而不成交，對券商來說其實是沒有貢獻的。所以有些券商會規定市價委託者得優先使用。意思就是，就算你今天把券占住了，券商也有權利要求你撤銷委託，讓當下有立刻成交需求的客人使用。每間券商的規矩不太一樣，所以在選擇券商前，除了比較手續費折讓之外，很多細節也都需要綜合評估。

2019 年某月，我看準某檔標的會在盤中轉弱，所以早在當天盤前就把券商釋出的所有融券配額掛單於漲停價占滿。直到中午過後接近收盤，我開始將委託單的價格改低以求順利成交，因為一時手滑，我不小

心將「改價」按成「刪單」。當下我立刻發現這個錯誤，趕緊重新將單子掛回去，結果系統卻顯示：掛單失敗，融券配額不足！

「什麼鬼？我刪單後再掛回去不過也才 2 秒，原先占用的融券配額竟然直接被別人搶走!?」我內心充滿疑惑。

收盤後，我開始思考這究竟是偶然還是常態。如果是偶然，那可能是當天運氣比較差，在 2 秒內剛好被市場上另外一個人看到；但如果是常態呢？對方是怎麼做到的？

「應該不會有人盤中這麼無聊，一直送出相同的賣出委託單吧？

「等等……如果它不是人，而是程式呢？」我在腦海中和自己對話著。

當天晚上，我和交易好夥伴俊桐提到此事。俊桐

畢業於南台灣知名的金融資訊研究所，對於金融程式的開發相當在行。經過一番討論後，我們決定開發一支「搶券程式」，程式的邏輯就是：「8:29:59 開始，以每秒鐘 5 筆的速度，連續送出漲停價位融券賣出的委託單。」

我們的計畫是，透過不斷連續送出委託單，試圖攔截券商在盤中因刪單重掛而釋出的融券配額。程式剛上線時，效果還滿不錯的，甚至有時候在盤前就可以搶到部分配額。

直到有天下午，券商突然來函警告：「由於我們的連續委託有刻意占用系統資源的嫌疑，因此日後將會對我們實施限制措施，凡是透過 API（應用程式介面，可以想像成工程師透過程式卜單到券商軟體的接口）下出去的委託，每日總筆數不得超過 2 萬筆。」至此，我們的「搶券程式」正式宣告壽終正寢。

藉由上述的案例，我想告訴大家的是，其實市場上的多數參與者對於交易規則的認知，大概都僅止於皮毛。雖然對於長周期的投資人來說，這種短線上的細節可能並不是那麼重要，但**如果你想藉由為數不多的小資金一本萬利，就必須擁有這種追根究柢、不斷創造自己交易優勢的精神。如此一來，才能在這個變化莫測的交易叢林當中，走得快且走得遠。**

3-3
發想、檢驗、執行

　　如何發展出一套具有正期望值的交易策略，這是所有新手交易人進入這個市場後都須面對的第一道難題。

　　注意，這裡所說的是策略的「發想」而不是「模仿」，因為**在交易的世界裡，從來就沒有一套所有人都適用的交易策略**。你可能會想問，一套完整的交易策略，不就是一個教你如何進出有據的方法嗎？怎麼可能會有些人適用，有些人卻不適用呢？原因就在於，**交易必須適性而為**。

打個比方，若我們想學習製作一道美味佳餚，最常見的做法是：按照食譜上的說明，精準地度量每樣食材的比重，並根據食譜上的指引調整火候、設定烹調時間。如果每個步驟的細節都能與食譜上的說明一致，相信做出來的料理味道自然不會太差。

這是我們在日常生活中學習某樣新鮮事物時最常見的方式——模仿。

模仿確實是最快的學習方式。如果我們想要學習做菜，可以模仿專業廚師；如果我們想要學習維修汽車，可以模仿專業的修車師傅；如果我們想要學習如何鋪磚砌牆，可以模仿專業的泥作師傅……

凡是不牽涉個人因素，只要透過大量練習就能學成賦歸的技能，在正常情況下，我們都可以透過「模仿」的方式進行學習。

那麼，我們是否也能透過「模仿」學習交易呢？

關於這個問題，我認為心態上的模仿是可以的，比如：做交易務必順勢而為、避免逆勢攤平、嚴守停損等等。但對於「策略」上的模仿與複製，似乎就不那麼可行了。

理由就在於，交易這件事在整個決策過程，無形中牽涉了太多個人因素，所以我們自然無法像學習生活中大部分事物一樣，能有一個標準作業流程。其中影響交易最常見的個人因素如：家庭背景、風險偏好、個人財力等等……就是因為這些個人因素的存在，所以我們時常會納悶：「明明我們用一樣的策略，為何你賺錢，我卻輸錢。」

基於上述人格特質與個人因素的差異，每個人對於資產淨值波動的接受程度當然有所不同。有些人喜歡穩定收益的高勝率策略，有些人偏好「3 年不開張、開張吃 10 年」的高賺賠比策略。這一切都取決於交易

者本身的性格。

　　若要風險接受度不高的人去執行一個淨值波動度高的策略，他很可能會在經歷幾次失敗後就心態崩潰。也許這是一個長期可行的策略，但就短期而言，交易者的身心情緒一旦受到影響，往往就是績效陷入萬劫不復的開始。

　　所以**一個策略的好壞之分，不在於它最後能為你帶來多少報酬，而是它能否讓你在沒有多餘的心理壓力下自在使用。**

　　有些交易人無法忍受隔夜風險，所以最後選擇只做當沖；有些交易人的風險承受度更低，所以最後只做套利。每種交易策略的風險程度與獲利能力都不相同，它們之間沒有絕對的好壞，重要的是，你必須找到最適合自己性格的策略，這樣的交易做起來才能長長久久。

我看過很多人，汲汲營營地想用最快的速度獲得別人的交易策略，卻從不曾靜下心來好好認識自己。在台灣金融交易圈的資深前輩曾說過一句名言：「**交易就是一趟認識自己的旅程。**」，交易心性尚未成熟時的我，總覺得這不過就是一句倚老賣老的無用雞湯文。直到現在我才發現，原來這短短幾個字在交易領域裡實在可謂「大道至簡」。

　　我認為在交易世界裡，**比起參考別人現有的交易策略，更重要的是了解一個策略從無到有形塑出來的過程，也就是自行創造策略的精神。**雖說市場參與者的人性亙古不變，但世代會變、市場會變、制度會變……在時代的洪流裡，長江後浪推前浪，一代新人換舊人，會被淘汰的，多半是缺乏「創造力」的人。

　　所以，**在交易這條道路上，學會「創造自己的策略」遠遠比「執行他人的策略」來得更重要。**

◼ 觀察、驗證、執行

依據我的個人經驗，一個交易策略從發想到上線，必定會經過以下一連串的過程：

1. 市場觀察：觀察市場變化，尋找股價脈動的規律

根據投資學隨機漫步假說（random walk theory），股價應是無序而不可預測的。若想憑一己之力跑贏大盤指數，任何的主動投資皆是枉然。但事實真是如此嗎？依我所見，股價確實在絕大部分的時間都處於無序渾沌，但在特定時刻卻又會變得有跡可循。

打個比方，我們知道世界上大部分的基金經理人都會以摩根士丹利資本國際公司（Morgan Stanley Capital International，MSCI）所編列之指數的成分股作為投資決策時的參考，因為它涵蓋了各個國家市值排名較前面

且具產業代表性的龍頭個股。每年 2 月、5 月、8 月、11 月，MSCI 會依據最新的上市櫃公司當前交易市況，進行成分股的汰弱留強。換句話說，當一檔股票被納入指數成分股，便容易受到資金追捧；當一檔股票被剔除成分股，便會出現原資金的棄守賣壓。

經過幾次成分股的調整後，我也確實發現市場上具有宣告納入成分股的股票易漲、宣告剔除成分股的股票易跌的特性，於是這就形成了我的策略假設。

2. 假設驗證：大膽假設，小心求證

有了基礎假設後，當然不能只以近幾次的成果就將這個規律奉為圭臬。於是，我將過去的歷史資料導入（2008 年～ 2021 年）。研究結果發現，從調整名單公告到實際變動生效的日子，宣告納入的股票平均會在這段時間上漲 9.2%、宣告剔除的股票會在這段時間

下跌 7.4%。

3. 執行與追蹤：績效追蹤，注意慣性是否改變

　　透過歷史資料檢驗完自己的想法後，接著就是實際上線執行。為了確保上線後運作的環境和先前測試時的環境一致，我們仍須時時刻刻關注既有的調整規則是否出現改變。比如有些指數會突然新增額外的豁免規則等等……這些都可能會造成策略執行時的效果出現改變。

　　以上就是一個策略從發想到驗證，再到上線運作的流程。

　　最後，還是要再次提醒各位讀者，我想表達的並不是這個策略很棒，大家趕快一起來做！我想傳遞的是一個「基於自己的觀察、驗證自己的想法、執行自己的策略」的創造精神。

3-4

制定與驗證交易策略

《孫子兵法》有云:「謀定而後動,知止而有得。」

而老一輩的人常常說:「股票、期貨就是賭博,做人要腳踏實地,千萬不要想靠股票發家致富。」不可否認,在金融市場上確實有很大一部分的人把「交易」當作「賭博」。他們進到這個市場,常常不是爲了賺錢,而僅僅爲了尋求一種心跳加速的刺激感。在金融市場上,這種人往往就如無頭蒼蠅一般,毫無頭緒地隨機下注、隨機輸贏。對於自己爲何而贏,他們一無

所知；對於自己爲何而輸，他們更是不明就理。一般我會將這種單純來市場上「買刺激」的人視爲「賭客」「娛樂型玩家」，或者也可以稱他們爲「菜籃族」。

　　至於要如何分辨自己是不是菜籃族，我認爲可以從每一筆交易的進出場理由來判斷。如果你的進場理由時常是：「我覺得股價很強勢」「我覺得明天它應該會轉強」等以「我覺得……」3個字開頭，我想你大概就是屬於上述的賭客或娛樂型玩家。

　　這對於篤信「盤感」的人來說，聽起來可能有些刺耳，可惜事實就是如此。我會這樣說，並不代表我否定盤感的存在，而是**我認爲任何形式的「盤感」，都必須建立在正期望值的策略之上**。換句話說，如果你沒有一套經得起市場考驗的交易策略，那麼你的盤感也不過只是你自己一廂情願的想法罷了。

▣ 莊家優勢是可以打敗的

　　說到這裡，我想先和大家分享一個關於靠策略智取的故事。

　　過去有很長一段時間，大眾都認為賭場在這個世界上是無堅不摧的存在。人人都知道賭場內所有賭戲之所以能日復一日穩定盈利，靠的是它們自身的「莊家優勢」，也就是高中數學裡的「期望值」。

　　期望值指的是，長期做一件事情後得出的平均結果。如果想估計一個賭戲是否值得下注，可以透過數學方法計算其期望值。若該賭戲期望值為正，代表「長期下注能穩定盈利」；反之，若期望值為負，則代表「長期下注必將穩定虧損」。

　　舉個例子：在美式輪盤（roulette）中一共有 38 個數字，分別為 1 ～ 36、0 與 00。玩家在整場賭戲中除

了可以押注顏色、奇偶、大小、區段數字等等，也可以押注單一號碼。其中一般單一號碼的賠率爲 1：35，也就是當你押注的數字順利開出，你可獲得的彩金爲原始賭金的 35 倍。

我們不妨試著透過數學計算，了解輪盤賭的莊家優勢。

在正常情況下，一個公平輪盤開出某一數字的機率爲：

$$1 \div 38 = \frac{1}{38} = 0.02631 = 2.631\%$$

開出其他數字的機率爲：

$$1 - 0.02631 = 0.97369 = 97.369\%$$

假設押注 100 元，期望值為：

$$EV（期望值）= -100 \times \frac{37}{38} + (100 \times 35) \times \frac{1}{38} =$$
$$-97.3684 + 92.1052 = -5.2631$$

莊家優勢則為：

$$5.2631 \div 100 = 0.052631 = 5.2631\%$$

因此，可以得到的結論是：

長期而言，每次下注之後，平均會輸掉下注金額的 5.2631％。所以這個賭戲長期來說對玩家是不利的，故可稱為非公平賭局。

由上述推論可知，所有經過數學精算後設計出來的賭戲，也許能讓賭客在短時間內靠運氣獲得勝利，

但就長期大數法則的觀點來說，賭場可謂立於不敗。

直到一名美國數學教授愛德華・索普（Edward Oakley Thorp）於 1962 年出版《擊敗莊家》（*Beat the Dealer*）後，賭客們才真正看見在賭場中穩定獲利的曙光——21 點（Blackjack）。

▣ 基本策略出馬，大勝盤感直覺

21 點是一種使用撲克牌的賭戲，玩家與莊家對賭，雙方在手牌不超過 21 點的前提下，將手中手牌加總，最接近 21 點的玩家獲勝。其中 2 ～ 10 點的牌以牌面點數作為計算，JQK 為 10 點，A 則可記為 1 點或 11 點。

賭戲開始後，玩家可根據莊家的牌面與自己當前的手牌決定是否加牌（hit）、賭倍（double）、停牌

（stand）、投降（surrender）等等。

由於撲克牌的總張數是固定的，所以賭局中會遇到的任何狀況都能事先透過數學計算得出最佳解。而索普教授就是透過當時的 IBM 7044 電腦作為演算工具，並藉由大量的電腦模擬與運算，最終產出「基本策略」（basic strategy）。

在基本策略裡，所有決策都是固定的，因為數學是死的，所以完全沒有含糊思考的空間。譬如說：

1. 當手牌總和為 11 點時，除非莊家牌面為 A 才選擇加牌，否則一律賭倍。
2. 當手牌總和為 5 ～ 8 點時，無論莊家面牌為何，一律加牌。
3. 當手牌總和為 16 點，面對莊家 10 點時必須投降。

4.⋯⋯

　雖然基本策略是 21 點的最佳決策，但如果僅按照基本策略下場，還是無法真正戰勝賭場。充其量只能保證我們在使用基本策略的前提下，平均而言，會比亂無章法的人來說輸得最少。若要真正戰勝 21 點，還須搭配算牌（card counting）的技巧，不過這就不在本書的討論範圍了。

　在基本策略問世之前，許多玩 21 點的賭客都是憑感覺行事（即便到了現在還是很多），比如探討荷官的面相、上下家的運氣等等奇怪的依據，作為加補牌決策的考量因子，因此賭客們經常輸得一塌糊塗。這種心態簡直像極了剛進股票市場的投資人「感覺明天會漲」一樣，宛如自己擁有某種能感應未來的特異功能，其實根本只是自己的胡亂瞎猜。

總之，索普教授《擊敗莊家》的精神在於：**經過大量研究後產出的策略，執行起來才有它的意義。**

▣ 盡信別人的策略，不如毫無策略

　　在股票市場，許多散戶輸得不明不白，原因就在於他們缺乏「策略驗證」的能力。

　　比如在坊間技術指標書籍裡常見的：「KD 高檔死亡交叉要賣股，低檔黃金交叉要買股。」這是一個家喻戶曉的交易策略，但它真的有效嗎？我想很少人會試著去驗證它，多數人都是書上寫什麼就信什麼，按圖索驥操作一段時間後才發現效果不佳。

　　KD 指標自 1957 年問世至今已達半個世紀之久。或許在當時電腦尚未普及的時空背景下它是有效的，但如今別說是電腦了，智慧型手機更是人手一支，每

個人的下單軟體打開就能看到 KD 指標，這種投顧老師跟散戶都能朗朗上口的技術指標，時至今日又有什麼優勢可言呢？

我們生在一個資訊科技發達的年代，資料取得相較過往已容易許多。透過電腦，我們可以將手邊的交易策略丟進歷史資料庫進行模擬交易，分秒間就能知道一個策略是否可行。

以我自己的交易來說，那些傳統的技術指標如 KD、RSI、MACD……基本上我是一律不看的。

不是我特立獨行，而是因為**我曾經將這些指標一個個放入歷史資料庫中進行回測，發現無論是股票還是指數期貨，幾乎每一種商品都無法在使用單一指標的情況下直接獲利。**正是基於這個結論，我才漸漸養成不看傳統指標做交易的習慣。

根據我過去的實測，其實市面上常見的指標，幾

乎也都經不起市場的考驗。通常會告訴你指標可行的人，頂多也只能提出少數幾次成功的案例。這種只看一小部分資料就認定策略可行，邏輯上顯然存在著很大的問題。

如果說「盡信書不如無書」，在交易世界裡也可以說「盡信別人的策略不如無策略」。當然，這並不代表別人說的都是錯的，只是自己一定要具備「驗證」的能力。

現階段的你如果還不具備這種能力，那麼我建議從現在就開始學習。無論是哪一種程式語言或哪一款套裝軟體（XQ 或 MC……），相信我，一旦你得心應手，絕對會讓你少走很多冤枉路。

總而言之，這個市場上有太多人用著「傳聞的方法」做交易，卻一點也不在乎自己使用的方法到底有沒有問題。可能是因為公式化的進出，總是能帶給人

們一種莫名的安全感吧！

　　有時候成效不好，這些人甚至會開始懷疑自己：
「難道是我沒參透？」

　　不，不是你沒參透，而是你從頭到尾就用錯方法罷
了。

　　我炒的是人生，不是股票！

3-5

記錄交易，
累積自己的事件資料庫

　　「投資就是要實戰，賠錢沒關係，就當繳學費。」
我永遠無法認同這種論調。對我來說，賠錢與繳學費
是完完全全兩碼事。綜觀市場上的多數參與者，由於
他們從來不曾檢討自己犯下的錯誤，所以在交易過程
中他們所賠掉的錢姑且只能說是往水裡扔，根本稱不
上是「繳學費」。

　　如果你想讓賠掉的錢體現出它應有的價值，那麼
你一定得學習如何正確記錄自己的交易。這裡指的記

錄，並不是單純寫下每日輸贏的數字，它必須是一個
具有完整前因後果的交易軌跡。

透過這樣的記錄，不僅能有效降低自己未來再次
犯下相同錯誤的可能，有時甚至能激發出一個新興策
略的誕生。

▣ 打敗交易最大的敵人── 你自己

以下將和各位分享我對於「交易紀錄」的認知：

原則上，我會把交易前、中、後的所有事件都詳
細記錄下來。

1. 交易前

今天打算使用什麼交易策略？要交易哪些股票？
每一檔標的投入的資金該如何配置？什麼情況下

要停損？什麼時候要停利……這些都必須詳實地記錄下來。

2. 交易中

你遇到什麼問題？你的停損或停利是否在規劃的範圍內？若不是，下次能否避免？最重要的是，盤中是否出現過去不曾見過的「現象」？比如 5 檔報價出現異常的巨額掛單、ETF 折溢價的迅速發散與收斂……這些現象可能稍縱即逝，先記錄下來，盤後才方便對這些現象進行推敲與研究。

3. 交易後

評估自己的表現：

統計同一策略的勝率，檢討當天的交易哪些做

錯、哪些可以做得更好。注意，這裡所指的對錯並不是賺賠的結果。有時候，如果你做出符合規劃的決策，例如打到停損就損出，那這就是該賠的錢，這是一個正確的決策；反之，如果你違背自己的交易規劃卻意外賺到錢，例如凹單，那麼下次可能就會因為凹單而損失更多本金，所以即便這個行為最後讓你賺了錢，也是錯誤的行為！

對於持倉部位的訊息更新：我除了當沖交易，有時候也會做些波段交易。當波段留倉時，持倉期間的任何訊息都要特別留意並仔細觀察。一是留意當初進場交易的理由是否依然存在，二是觀察後續有沒有新的消息足以改變自己進場時的判斷。

記錄市場上發生的事件：

關於每天發生的新聞事件，我會挑選我認為比較

重要的議題加以觀察。無論是《工商時報》或《經濟日報》的頭條，或是公司公告的重大訊息或財務決策等等，例如增資、減資、公告自結獲利數字、發行可轉債……我會詳細記錄每次類似事件發生後續的股價走勢為何，日後只要查詢自己建立的資料庫，就可以輕鬆的鑑往知來。

　　我當然知道，市場上絕對不會重複發生一模一樣的事情，所以，這僅僅是以一個大方向出發。我想解讀的並不是這些事件的本體，而是眾多市場參與者對於類似事件發生時的情緒反應，畢竟人性是亙古不變的。

記錄自己的情緒波動：

　　盤中交易時，情緒波動在所難免。我就曾有個「背脊發涼」的交易經驗。

記得某次交易，我於盤中看空一檔股票，信心度極佳。我下了一個超出平時均值的無券空方部位出去，想不到行情的發展卻不如預期，股價繼續向上挺進，我同時承受著大部位的虧損與多軍在漲停價附近兵臨城下的壓力。

　　正當我糾結著是否該停損時，忽然間一個大量急漲。眼看股價就要漲停鎖死，頓時間我的背脊發涼，一陣前所未有的寒意從腦門蔓延全身。我的理性大腦告訴我，此時此刻該以最快的速度市價停損，但我的手指卻不聽使喚。就因為這 1、2 秒的遲疑，股價毫不留情地鎖上漲停，我的空方部位被迫留至隔日開盤。除了開盤向上跳空的價差以外，更多賠了一筆標借費。

　　後來，我將這種背脊發涼的感覺完整記錄下來並將其視為一種警訊。每當我再遇到類似生理反應時，我便會毫不猶豫地閉著眼睛清空所有部位，而這也確實為我日後的交易產生不少幫助。

有時候，即便手握最縝密的交易計畫，人類還是會因為無法自覺的心理障礙而破壞原則，這就是交易心理學。有時候，你要打敗的並不是市場上那隻「看不見的手」，而僅僅是「你自己」而已。

　　一如《紀律的交易者》（*The Disciplined Trader*）這本暢銷書中所說：「交易，其實只是一場心智遊戲。」

　　也許有些人會覺得，反正我的本金也沒多少，交易紀錄寫這麼仔細幹嘛？

　　我得老實跟你說，在交易的世界裡，越早犯錯，機會成本就越低，不要等到持有大筆資產時才犯下一樣愚蠢的錯誤。同樣的錯誤，如果你在 20 歲時遇到，資產從 20 萬腰斬至 10 萬；和你在 50 歲時遇到，資產從 1000 萬腰斬至 500 萬，同樣是腰斬，學會的東西其實並無二致，差別只在於別人用 10 萬就買到的經驗，你卻硬是花了 500 萬才學會。

3-6

你必須知道市場正在預期什麼

　　股市裡有一句家喻戶曉的話是這樣說的：「股價反應未來。」

　　確實，此話不假，但大家是否曾經思考過一個問題：這句話裡所說的「未來」究竟是多久後的未來？是從今往後 3、5 年內我們能親眼所見的將來？還是 10 年後人類社會的發展藍圖？又或者它僅僅只是一個瞎編亂造的虛幻夢想？

　　回顧過往，每一段漲勢凌厲的行情，背後都必定承載著一個被眾人所追逐買單的故事。

讓我們由近至遠來看，比如 2020 年的航運股
（2603-TW、2609-TW、2615-TW……），人們買單的
故事是「運價高漲」；2019 年的防疫股（1325-TW、
9919-TW、9103-TW、3373-TW……），人們買單的
故事是「防疫醫材的供不應求」；2017 年的板卡股
（6150-TW），人們買單的故事是「加密貨幣挖礦所
造成的顯卡需求提升」……

綜觀以上這幾個案例，可以發現它們之間都有一
個共同特點——**短期需求大增。**

▣ 短期需求 vs. 長遠發展

關於「需求」，我一般將其歸納為以下 2 類：

急性短期需求：

短期的急性需求多半是因突發性的事件而起，比如疫情的出現、加密貨幣的飆漲、戰事的爆發等等。這種因外部因素所造成的需求提升，通常來得又急又猛。對應到股市裡常見的市場反應是：相關類股每月營收月增率與年增率出現激烈跳增。在每月營收公告的前夕，這些公司的股價很可能會因預期「營收好」的心理而領先上漲。

　　一般會出現這一類供需失衡的商品，通常它們的產業進入門檻並不會太高、技術成分也普遍偏低。總的來說，造成短期營收跳增的具體原因，往往並不是因為自身商品的質量好或技術高，外部需求的增加才是真正的主因。所以，通常這種狀況並不會持續太久，卻經常爆發力十足。

　　對於短線交易者而言，只要能看懂現在市場上正在發生的事，並讀懂市場參與者的預期心理，相信每

段行情的節點，自然會變得鮮明可見，獲利也會滾滾而來。

長遠發展需求：

　　長期發展需求的提升，多半出現於產品技術的絕對領先與殺手級應用產品的問世。

　　讓我們試著回想一下，網際網路的發展是否徹底改變了人類的生活、蘋果手機的出現是否徹底擊潰了傳統手機的市場份額、電動車的發明是否也正在迅速普及於車市當中……以上這些「從前沒有、現在出現、未來普及」的發展就屬長遠需求。

　　很多時候，當這些新玩意橫空出世，通常只是一種新的概念。也許是生產技術尚未突破，或者是這類簇新的想法過於天馬行空，市場在一開始可能還不太買單，即使買單，也很可能只是曇花一現的短期行

情，並沒有辦法持續太久。

但是，當概念付諸實行、當人們對於新產品未來發展的輪廓逐漸清晰，那麼這一股共識自然就會走得又長又遠，比如蘋果手機、臉書社群、特斯拉電動車……換句話說，**如果你能準確預見人類未來的生活樣態，那麼投資致富自然也只是時間的問題。**

▣ 短線交易者，聚焦行情生命周期

作為一名短線投機者，你該做的是把握好每一次急性短期需求出現的時刻；作為一名投資者，你該做的是設想未來人類發展的可能方向，這個方向，短則3、5年，長則10年以上都有可能。

回到短線交易來看，出現急性短期需求擴張的狀況時，可以隨著預期事件的公布，觀察出一段行情的

生命周期。若以疫情時的防疫股為例，當時短線投機客各個都將目光聚焦於「每月營收」與「單月獲利自結」的數據公告。

還記得一開始，在營收尚未公告前，股價就會領先反應，一直到營收公告，股價依舊持續上漲；到了中期，股價對於營收公告已漸漸沒有太大反應；到了後期，營收公告甚至使股價出現暴跌。當市場對於一件可預期的利多消息慢慢無感，這就是典型的行情生命周期步入了尾聲。

一段上漲趨勢能持續多久，從來沒有人說得準，但或許，我們能透過觀察利多消息砸在市場上所造成的漣漪，來解讀行情生命周期的位階。

以下分享幾個常見的市場預期，大家不妨思考一下如何應用於交易的實戰當中：

► 營收公告

► 財報公告

► 公司匯兌損益

► 大型指數的成分股調整

► 營建股建案完工入帳

► 上市櫃公司資產處分

► 新藥股權利金入帳

► 新藥股臨床解盲等等……

3-7

盤感能戰勝程式交易嗎？

你一定曾聽過有些人這樣說：「我覺得行情差不多要止跌了。」但當你問他的判斷依據為何時，對方卻只玄乎地回你：「不知道，就感覺嘛！」這種連自己都說不出具體原因，卻能對行情有獨到見解，彷彿能遙視未來一般的感覺就叫做「盤感」。也是一種你對市場整體氛圍的綜合感受，而這種感受通常是無序且隨機的。

在 2014 年進入期貨自營部之前，我曾經也是「盤感」的信仰者。我一直覺得，若想要提升自己的交易

水準，每天到市場上撞個頭破血流就是最快、最直接的方式。唯有眞金白銀的輸贏，才能累積出所有交易人都心心念念的「盤感」。

但當我眞正進入法人交易圈之後，才發現所謂的「盤感」，在這裡根本可以說是毫無用處。法人是個科學行事的體系，任何交易策略在上線之前，都必須經過嚴格的審核與檢定。

常規來說，交易員向部門提出的交易計畫上必須詳述以下幾項事情：

1. **商品種類**：你要做的是什麼商品？
2. **交易邏輯**：你是根據什麼市場跡象判斷進出場？
3. **預期授權額度**：你需要多少資金部位？
4. **風控管理**：你預期的最大虧損是多少？
5. **績效回測報告**：透過歷史資料檢定，這個策略

在過去一段時間是否能賺錢？

其中，「交易邏輯」是檢視這份交易計畫是否可行的最初步關卡。因此不必鉅細靡遺，只要簡單扼要即可。比如：「本策略為台指當沖突破策略，以台灣前 10 大權值股日內動向作為進出場依據，同時輔以 OTC 指數位於盤上或盤下作為交易濾網。」

雖然在上述這個範例中，仍看不出來該名交易員判斷「台灣前 10 大權值股日內動向」的具體方式為何，但至少能悉知他是以此為本，而非胡亂瞎猜。

一個交易策略的邏輯越清晰，執行績效回測時就越容易建模，跑出來的績效報告自然也就越準確。反觀以「盤感」作為交易依據的人，對於盤面資訊的解讀總是反覆無常，更遑論建模回測了。對於無法建模的交易邏輯，就算這名交易員過去的績效再怎麼輝煌，對帳單上的損益再怎麼漂亮，一樣都是難以讓人

信服的。畢竟，誰知道這些交易是不是假他人之手。

產出績效回測報告，最主要的功能除了透過各項數據（如勝率、盈虧比、最大虧損百分比等）來了解該策略的屬性及特性，更重要的是，它也扮演著把關者的角色。我們時常聽到過去的績效不代表未來，但如果一個策略連在過去的行情都無法賺錢，又怎麼能奢望它在未來會有好的表現呢？

◨ 開發程式交易策略

所謂程式交易，廣義上指的是：利用電腦運算代替人工自動執行交易；狹義上則可再細分為全自動程式交易、輔助型程式交易。

程式交易在法人交易圈成為主流，早已是不爭的事實，但這是否就意味著機器必勝？那倒也未必！下

面就一起來了解開發交易策略時，最常遇到的幾個陷阱：

1. 過度配適（overfitting）：試圖創造出完美的上升曲線

各位不妨想像一下，在開發策略的過程中，就像在解一道艱深的數學題，而這題目的答案有著無限多組解，任何解答的終極目的都一樣，就是要讓最後跑出來的績效曲線能以 45 度角的方式穩定向上發展。

正常來說，績效回測的意義在於：把當前的策略丟進過去一段時間的歷史資料，透過模擬交易檢定出它的獲利能力及各項風險因子。這個過程有點像是完成一道題目後自行對答案一樣，只要跑出來的績效曲線呈現正成長，基本上就代表答對了，反之則否。

很多時候，有些交易員會為了讓策略跑出來的回測結果看起來更完美，進而回頭修改原先的交易策

略。比如為了提高回測期間的勝率，或降低最大虧損幅度（MDD%）去增設交易濾網。這種看過答案後才回頭修改策略的行為，就叫做配適（fitting），是許多新進交易員都會犯的常見錯誤之一。

配適的方法有千百種，除了自行增設交易濾網試圖過濾虧損的交易之外，還有一種比較高端的配適叫做：參數最佳化（optimization），也就是「透過電腦的連續運算，將不同數值代入交易策略的常數（input）當中進行排列組合，進而求得績效最好的最佳解」。

白話一點的說法就是：當我們創造出一條均線作為交易策略的多空分水嶺，究竟要以幾根 K 棒的均線作為依據？是 200 日均線嗎？還是 60 日均線？又或者是 20 日均線？這就是參數最佳化所要告訴我們的答案。

現在電腦的效能普遍都不差，無論幾組數值，基

本上都可以在短時間內運算出最佳解，讓回測報告上的權益曲線呈現最佳狀態。很多人誤以為這是電腦取代人腦進行交易的第一步，但其實根本還差得遠。

首先，**開發交易策略的初衷，絕對不是為了找尋在過去行情裡能獲利的最佳模式，而是「在過去可以、在未來依舊可行」的獲利方法。**所以，若不斷強調過去的重要性並且不停地迎合它，最後就只會是一張好看的虛擬資金曲線圖而已。

打個極端點的比方：假設有支交易策略只做多不做空。經過歷史回測之後，發現這支策略在 2008 年金融海嘯時受到重創，因此增設一個新的條件濾網：「2008 年不進場。」接著再重新回測一次。果然，這次跑出來的結果簡直完美極了！

上述這個範例就是典型的倒果為因，畢竟是因為「先知道 2008 年金融海嘯」才增設「2008 年不進場」

的交易濾網，而這在過去看起來可行的濾網，對未來的交易根本一點幫助也沒有。這往往就是造成「回測一條龍，上線一條蟲」的根本原因。

不過話說回來，如果有支策略的參數無論怎麼調整，最終的獲利數字都是穩定且沒有太大變異的話，或許這就是一支真正可行的交易策略。

2. 缺乏故事的策略（overmining）：不知道自己在賺什麼錢

多數交易員在開發策略時，最常見的模式就是「試誤法」（trial and error），而我也不例外。

記得剛開始接觸策略開發時，我最常做的事情就是把不同的技術指標（如 MACD、KD、RSI、DMI 等等）拿出來加以改良，作為進出場依據，並且不斷嘗試各種停損停利的方法，如固定比例停損、絕對金額停損、階梯式移動出場等等。每湊出一種新的組合，

我就會跑一次績效回測，如果結果不盡人意，我就再次重組、再次回測。如此反覆執行，直到系統跑出績效曲線呈 45 度角向上的結果為止。

我記得有段時間，幾乎市場上所有的技術指標我都試過一輪。眼見策略開發陷入瓶頸，我開始嘗試一些不曾試過的做法。像是把原本應該在收盤時出場的當沖策略，改成隔天開盤再出場，沒想到績效竟然因此提升不少。

對於這樣的結果，我曾經狐疑過一陣子。後來我將原因歸納為「趨勢具有延續性」。也就是說，今天盤中的走勢很可能會延伸至隔天，所以我賺的是「趨勢財」。不過這個方法在台指期夜盤制度上線後，表現漸漸不如以往，可能是夜盤能即時反應國際股市漲跌的關係使然，後來我也就將其下架停用了。

開發交易策略時，有時候會意外發現，某些自

己從未見過的方法竟然能賺錢，這往往讓人摸不著頭緒。就像近年火紅的資料探勘（data mining），透過大數據的分析，可以找出不同資料間隱藏的關聯。但數據是死的，如何確保過去有的關聯在未來也會一樣存在，解釋資料間的因果關係便成為最不可或缺的一環。

換句話說，如果你發現一個特殊的方法在過去的資料中能賺到錢，卻無法解釋它為何能賺到錢，那這很可能就是一種意外的配適。一般來說，我也稱這樣的策略為「缺乏故事的策略」。

上線「缺乏故事的策略」會有幾個缺點。倘若未來有一段時間沒賺錢，甚至是賠錢，你會搞不清楚究竟是行情的問題還是策略的問題。再來，**只有清楚知道自己賺的是什麼錢，才能在大環境改變時做出即時的調整。**

時常看到很多交易員不明就理地將自己東拼西湊出

的策略丟上戰場，最後卻輸得不明不白。關鍵原因就在於，他們往往不知道自己手上的東西是什麼，也不知道它們為何能賺錢。

3-8

程式交易真的能克服人性嗎？

　　幾乎所有做程式交易的人都會告訴你：「程式能克服人性的弱點。」但程式，真的能克服人性的弱點嗎？我認為這樣的說法可能只對了一半。

　　不過，在討論這個問題之前，我們得先了解人性究竟存在什麼樣的弱點？

　　其實在交易世界裡，人性的弱點隨處可見。比如當行情來到原先設定的停損點，多數人往往會選擇「再看看」，而非立即執行它。這種猶豫不決，無法當機立斷的心態就是人性使然。

我們都知道，華爾街有句經典名言叫做「截斷停損並讓獲利奔跑」（Cut your losses and let your profits run.），但為何在現實生活中，多數人卻總是反其道而行。總是在見到蠅頭小利時急著落袋為安，遇到虧損便時常選擇置之不理，甚至任由虧損無限放大。這一切都是源自於人性的缺陷。人往往不願意面對自己的錯誤，尤其在金融交易或博弈領域中更是如此。

以下是行為財務學中非常著名的實驗，不妨試著思考看看：

有一投擲硬幣的賭戲如下：

正面：你將能獲得 100,000 元。

反面：你將會損失 100,000 元。

這樣的賭局，你願意參與嗎？

根據研究顯示，多數人的參與意願普遍不高。原因就在於，即使這是一場公平賭局，但比起賺 10 萬元帶來的快樂，人們更不願意承擔損失 10 萬元造成的痛苦，學者們將這種現象解釋為「損失趨避」（loss-aversion）。

　　實驗接著進行。有鑑於第一次實驗結果發現多數人基於損失趨避，其實並不愛賭。所以學者們進一步將硬幣擲出正面時可獲得的金額逐步提高，試圖讓它由公平的賭局變成正期望值的賭戲。結果發現，一直到硬幣擲出正面時可獲得的金額提高至 25 萬元時，人們才會開始積極參與這個賭戲。由此可見，只有當獲利達到虧損時的 2.5 倍時，才能逐漸消彌人們對於損失帶來的恐懼。這也能反證出，**在相同金額下，虧損時的心理衝擊是獲利時的 2.5 倍！**

接著再看看下一組實驗：

情境 1：

假設你是一名公司 CEO，現有一投資案，分析如下：

◎選項 A：公司有 50% 的機率可獲利 1000 萬，50% 的
　　　　　機率做白工。

◎選項 B：直接提取現有的 500 萬獲利。

情境 2：

假設你是一名公司 CEO，現有另一投資案，分析如下：

◎選項 A：公司有 50% 的機率將損失 1000 萬，50% 的
　　　　　機率損益兩平。

◎選項 B：直接認賠 500 萬殺出。

如果是你，以上 2 個情境，你會如何選擇呢？

根據研究指出，正常人在情境 1 的時候，普遍會

毫不猶豫地選擇「直接提取現有的 500 萬獲利」；但在情境 2 時，大多數人則會採用選項 A：公司有 50% 的機率將損失 1000 萬，50% 的機率損益兩平。

若以期望值的觀念來思考上述 2 個情境。在情境 1，其實無論選項 A 或選項 B，期望值都是相同的，算式如下：

選項 A：(50%×10,000,000) + (50%×0)= +5,000,000

選項 B：100%×5,000,000 = +5,000,000

那麼，既然 2 個選項的期望值相同，按照傳統經濟學裡「理性人」的基礎假說，理論上採用選項 A 或選項 B 的人數理應旗鼓相當才對，但為何多數人卻更偏好選項 B「直接提取現有 500 萬獲利」呢？

接著，以同樣的方法計算出情境 2 各選項的期望值，算式如下：

選項 A：(50%×-10,000,000) + (50%×0) = -5,000,000
選項 B：100%×-5,000,000 = -5,000,000

一樣從數學的角度切入，可見其實選項 A 與選項 B 的期望值並無差別，爲何多數人卻更偏好選項 A 呢？

綜合以上所有實驗結果，可以觀察歸納出以下 2 個重點：

1. 與其拿獲利來輸贏，人們更願意用損失來賭博。（因爲輸錢時个爽的感覺，遠遠超過賺錢時的快樂。）
2. 比起虧損擴大，人們更擔心獲利回吐。

（比起後面能否賺更多錢，人們普遍想保存當下的戰果。）

▣ 人天生就是要進場賠錢

整體來說，由於人們對於獲利與損失的認知失調，所以在股市裡，我們經常抱不住獲利的部位，卻任由虧損無限放大。基於這個天性，市場上許多常見的現象便有了合理的解釋。比如說，你一定見過許多人手上的股票被套牢時，卻一直冀望：「只要回到買進成本，我就賣掉。」但當情況顛倒過來時，他們買進的股票在隔天持續上漲，股價很快脫離買進成本，這時候他們反而會思考：「要不要先賣一趟？明天會不會又跌下來？」

這種「當部位獲利時便擔心股價下跌，部位虧損

時卻又能視而不見」的心態，就是典型的人性缺陷。

如果說上帝在創造生命時給了每個物種各自的天性，那麼，我想基於天性，說人們天生就是要來金融市場賠錢的，其實一點也不爲過。

其實無論在金融市場或博弈領域，這種「拚一把，凹回來」的想法眞的不勝枚舉。我看過很多人（當然我自己也不例外），常常會爲了「不想輸」或「已經輸不起」的心魔，盲目地下了許多遠超過自己能力範圍的注碼。最常見的案例有 2 個：

1. 反正都輸了這麼多，不如拚個最後一把？

當沖時，原本給自己設定的目標是「每天賺 2,000元」。結果行情不如預期，盤中遇到連續虧損，當天的總虧損來到 6,000 元。於是你心想，與其每筆只下 1 張慢慢賺回來，不如一次下大點，這樣或許能快一些賺

到目標，於是下單匣裡的張數就在「不想輸的心魔」驅使下，突然變成了每筆 10 張。

結果天不從人願，行情又不如預期！隨著單筆部位的放大，總虧損的累積也因此加速跳增來到 60,000 元。你看著已實現損益上的 60,000 元不知所措，因為這已經超過每個月的工作收入。如果沒有這 60,000 元，生活將大受影響，房租與孝親費也將無法如期繳交。於是你心一橫，再次將下單匣裡的張數調高 10 倍，單筆張數來到 100 張！

俗話說：「人在衰，種匏仔生菜瓜。」果然，你又輸了！累積虧損跳躍式地擴大至 200,000 元，你看著交割存摺裡的餘額：120,456 元，顯然已不夠支付。在這樣的窘境下，原先「不想輸的心魔」已經迅速成長為「已經輸不起的心魔」。

輸不起心魔告訴你：「反正都輸了這麼多，不如

拚個最後一把？只要拚過了，一切就都風平浪靜了！」
於是就在心魔的遊說下，你的價值開始扭曲，平時買
東西差個幾百塊都會斤斤計較的你，輸了 20 萬之後好
像一切都沒差了。畢竟輸 20 萬和輸 40 萬又有什麼差別
呢？反正一樣都是輸！最後，理智斷線的你，再度點
開下單匣，把剩餘的當日下單額度一次灌了出去！

　　看著部位往預期的方向前進，你開心極了！心
想，只要再上漲 2%，就能收復今日所有的失土。但
就在你計算損益時，突然間，行情急轉直下，你承受
平時從未承受過的傷害。看著虧損飛速擴大，你不是
不想停損，而是已經停損不起。畢竟耗盡下單額度的
你，如果再將這一次的部位停損出去，那麼你也無力
還手了。

　　就這樣，你抱著這最後的部位，眼睜睜地看著虧
損迅速擴大至 80 萬。眼見股價就要跌停鎖死，原本你

還一度想交割留倉凹到明天，但這巨型部位的交割款對你來說簡直就是天文數字，所以最終你還是在跌停價附近停損了。看著最後這近百萬的虧損，和原先設定「每天賺 2,000 元」的目標形成強烈的對比。此時你才意會到，原來汪洋大海要吞噬一條小船是多麼輕而易舉！

2. 就是不想輸，靠運氣說不定能翻轉當日的輸贏！

有人說，德州撲克是當今世上與金融交易最為相似的博奕遊戲。約莫在 2020 年左右，我曾經有一段時間醉心於線上德州撲克。我看了許多書，也請益了許多戰功彪炳的撲克好手。

德州撲克是個公牌撲克遊戲，每名玩家在公牌發出來前會先獲得 2 張底牌，玩家們須透過這 2 張底牌，與桌面上的 5 張公牌組湊出最大的牌型。持有最大牌型

者，可獨贏彩池中的所有獎金。

　　遊戲中，每名玩家會有多次決策的機會。決策選項分別為：下注（bet）、跟注（call）、加注（raise）、過牌（check）、棄牌（fold）。要如何做出最佳決策，正是這個遊戲的精髓所在。

　　在線上德州撲克裡，上桌時買入金額的上限稱為「級別」。級別越低，上桌時需要帶的金額就越少，反之則是越高。其中，最低級別上桌金額僅須買入 2 美金。身為一名在交易市場有過歷練的玩家，深知無論接觸哪種全新領域，都必須從基礎開始，因此 2 美金的級別是我最常玩的級別。

　　我原先的目標是：若每個月能靠線上撲克穩定賺取等值 1 萬台幣的收入，我便心滿意足。沒想到這看似簡單的目標，執行起來卻比登天還難！

　　當時，我在股票市場短線交易的收益，平均每個

月能賺 50 萬左右。每天早上盤中的輸贏時常都是 6 位數起跳。正常來說，對於每次買入 2 美金（折合台幣不到 60 元）的撲克遊戲，我的所有決策理應能做得更理性、更全面才對，但我卻總是輸得一塌糊塗。

百般思考與檢討後，我終於發現自己在打牌時的致命錯誤，那就是「不想輸的心魔」。

我發現，在連續輸錢的狀態下，我時常發瘋似地亂推 All-in。只要一輸光，我就會再買進下一組 2 美金，然後再推一次 All-in。尤有甚者，如果當天已經連續輸掉好幾組 2 美金，我甚至會違背自己從基礎開始的初心，著了魔似地跳入更高級別的牌桌，閉著眼睛胡亂推 All-in，試圖靠一把牌的運氣翻轉當日的輸贏。

瞎亂推 All-in 的這個決策，短期來說或許能奏效，但長期而言，輸光終究是必然的事。要知道，運氣賺來的錢，終究會靠實力輸回去。

既然已經確認心魔必定存在，是否就間接證明了「程式交易能克服人性」的說法？不！請繼續看下去……

　　我們都知道，程式固然是理性決策的代表，在該停損時絕不拖泥帶水、在該加碼時絕不躊躇不前，但為何我依舊不認為「程式交易能克服人性」呢？

　　首先，我們要知道，程式交易只是交易的一部分，中間還是存在許多人為干擾的可能，比如：

1. 你的程式上線後，一連輸了 20 天，你是否會繼續相信它？

2. 當沖策略在盤中賺錢時，你是否曾經因為害怕獲利回吐而手動出場？

3. 在一段下殺的過程中，當你的程式觸發多單訊號，你卻認為市場還未見底，因此自行移除多單部位？

人為干擾程式的運作，是許多程式交易員都會面臨的狀況題。再說一次，我不否定程式的執行力，我否定的是：多數交易員對於決定「開關程式與否」的判斷力，尤其當你不知道自己的策略賺的是「什麼錢」的時候，更是如此。

3-9

董事長的程式交易

2015 年，我在期貨公司自營部的最後幾個月，當時台股加權指數在萬點關卡前陷入盤整，台指期的日均振幅壓縮至 50 至 80 點之間，時常在開盤後就一路盤整到收盤。在交易這行，沒有行情就等於沒有獲利機會，因此無論是主觀交易員還是程式交易員，清一色都在賠錢，部門整體績效每況愈下。

某天下午，時任董事長可能看不慣自營部門一直在賠錢，突然下令，要求部門增設一個新的交易帳戶（desk），並且將該帳戶由他親自管理。

隔天早上，自營部主管交代一個新工作給我。大致就是，日後我的座位後方會多一台新的交易主機，那是一台掛載程式交易策略的主機。主管要我在平日做交易的同時，隨時留意那台交易主機的運作是否正常。

就在它上線的第一天，隨著 8 點 45 分期貨開盤的時間到來，我透過電腦螢幕上的交易圖表，觀察出那是一支台指期的交易策略。畫面上密密麻麻的小窗格，有著各種不同的時間周期，有 1 分 K、3 分 K……7 分 K 多個視窗，正在同步運行相同的程式，這是我從未見過的程式交易設定方式。

正當我還在思考這究竟是什麼終極武器時，突然間，第一筆交易訊號跳了出來，接著是第 2 筆、第 3 筆、第 4 筆……所有交易視窗接二連三跳出買進的交易訊號。它正在布建多單！而且是以驚人的速度重複建

倉！

　隨著行情上漲，它手上的多單越來越多，帳面上的獲利也越來越多。沒過多久，它竟然就賺了將近30萬！看到這，我簡直驚呆了！

　身為主觀交易員，一方面是讚嘆這支程式連續加碼的能力，另一方面則為它快速墊高的平均成本感到擔憂。雖然一路向上的行情讓它現在的獲利頗豐，但大家都知道，以當時低到不行的日均震幅來說，行情隨時都有回檔的可能！

　果然，行情再次出現 A 型反轉！

　交易主機連續傳來好幾次重疊到模糊的音效：「Po……Po……Position is Closed.」

　它被停損了！而且幾乎是停損在最低點！

　我放下手邊的工作，坐在辦公椅上向後滑到交易主機前，只見畫面上的未實現損益由原先的＋30 幾

萬，瞬間變成-20幾萬。隨著程式停損單的觸發，行情稍早的激情消失殆盡，再一次陷入一如往常的死寂，一路盤整到收盤。

接下來幾天，類似的劇本不斷上演。這支程式表現得非常穩定……穩定賠錢，它不僅沒有為部門帶來獲利，反而加速擴大了部門整體的年度虧損。

1個月過去，這支程式的累積虧損已經來到近200萬元。由於這是董事長親自督軍的帳戶，自然也沒人敢說什麼閒話。我一直很納悶，平常交易員們不過虧個幾天，就會被高層要求停單檢討，怎麼現在換成這支程式，高層的標準又不一樣了。

直到有天盤中，我的疑惑終於解開……

有天盤中，大約10點半，我發覺交易主機異常安靜，相比平時此起彼落的買賣成交音效，當天完全沒有聲響。我回頭查看交易主機，原來是報價斷線了。

我立刻回報自營部的資訊人員堅哥，只見堅哥用滑鼠在畫面上點了點並搖了搖頭說：「這我沒辦法處理。」於是他打了通電話，「請問是蔡先生嗎？你方便遠端過來看一下嗎？你的程式當了。」

隨後，有人用 Teamviewer（遠端程式）連進這台主機，迅速修改了部分設定後便退了出去，一切又恢復正常。

「蔡先生是誰啊？這不是董事長的程式嗎？」我向堅哥詢問。

「這個程式是高層跟業務部屬害的客戶租來的，聽說那客戶每年在市場上的獲利都是千萬起跳。」堅哥回我。

每年都獲利千萬起跳？以它在部門上線至今的表現真的很難讓人相信。

又過了 1 個月，蔡先生的程式依舊沒有起色。唯

一值得一提的是，它雖然一直在賠錢，但它的虧損並沒有隨著部位的放大而產生劇烈波動，每日的賺賠總是能控制在 30 至 50 萬之間。只能說，還好它是一支沒有情緒的程式，換作是人，可能早就「賭輸博大」了。

但一直輸下去也不是辦法，直到有天收盤，董事長走進自營部的辦公室。

「把這爛程式給我關了，什麼狗屁東西！幹他媽的！」董事長一聲下令。

眾人見狀雖不敢吭聲，但大家都心想，之前要做的是你，現在要關的也是你，怎麼會現在輸了錢就跑來亂發脾氣。

無論如何，蔡先生的程式終於在這一天正式畫下休止符。

有時候，造化弄人就是這麼一回事。誰也想不到，就在蔡先生的程式下架後，隔天台指期的行情，

終於在長時間的壓縮整理後跳空向上表態，硬生生拉出了一根 200 點大長紅棒。

這根長紅棒，不僅讓蔡先生自己的帳戶賺回過去這段時間的所有虧損，更一舉創下帳戶權益數的新高。反觀我們部門，竟然在前一天把程式關了！這樣戲劇化的發展，簡直讓董事長氣炸了！於是，董事長立馬發了一條訊息到自營部的 7 人群組：

「小廖在哪？他今天應該有賺到吧？」字裡行間看得出董事長的期待。

小廖是我們部門少數的主觀交易員之一，他的勝率不高，靠的是以極大的賺賠比取勝，也就是俗稱的「3 年不開張，開張吃 10 年」。像今天這種長紅長黑的行情，就是他最擅長的盤型之一。

「報告董事長，小廖奉您上周的指示，休假一周。」自營部主管回覆。

原來董事長在前些日子，因看不慣小廖時常在月初賺到錢，到了月底又獲利回吐的交易模式，因而為他特立了一個奇怪的規矩：只要每個月賺到 100 萬就停單，並且到月底前都可以不用再進公司。碰巧這個月，小廖在月中時的獲利就已經達標，所以他並不在公司。

「謝謝董事長讓我放假！」

（小廖同時傳來一張他在遊樂園裡，手比著勝利 V 手勢的照片。）

沒過多久，部門隔壁的董事長室就傳來陣陣捶打桌面的巨響。我想，這可能就是懊惱到底的聲音了。

▣ 人為干擾一步錯，步步錯

在自營交易的生態裡，我認為主管對交易員的「信

任」是很重要的一件事。如果你不信任他，那麼一開始就不應該找他進來；同理，對於程式交易的策略也是如此。如果你認為這個交易策略不行，那麼打從一開始就不應該讓它上線。

我相信一支成熟的策略，都一定經得起歷史數據的考驗，更可以估算出它在未來可能面臨的最大虧損幅度為何。既然有了量化的標準，自然就不該再讓自己的主觀意識介入其中，臨時下架蔡先生的策略就是一個很好的實例。

蔡先生是策略的原始創造者，我相信沒有人能比他更了解這支策略的屬性。他一定比任何人都知道，他要等的是哪一種行情，他要賺的是哪一種錢。也因為他的深刻瞭解，所以才有堅持到底的信念。反觀昔日的公司主事者，盲目租用自己不了解的策略，並靠著自己毫無根據的「感覺」行事。**雖然大家都說程式**

交易可以克服人性，但那也必須建立在不隨意人為干預它的前提下。

其實，在蔡先生的策略上線之前，部門的程式交易員就已經多次受到莫名的打壓。明明當初向公司提報的交易計畫書裡，載明最大虧損幅度為 20%，公司卻總是在程式虧損 10% 時就要求交易員停單。這種隨機干擾所造成的結果往往就是「停單的時候策略績效創新高，復單的時候又開始吃回撤」。

人為操控程式交易就好像一名亂了舞步的探戈舞者，一步錯、步步錯。

所以，客觀來說，程式交易真的能克服人性嗎？那就得問問你自己，是不是時常看見盤中的獲利或虧損就忍不住出手干預了。

除此之外，從「只要每個月賺到 100 萬就停單，並且到月底前都可以不用再進公司」這條奇怪的規矩

來看，也可以發現這種只想守住獲利而不想冒風險得到更多的心態，其實和一般投資人損失趨避的心理偏誤並無差別。

所以事實證明，有時候大家認知的專業法人，也只不過是錢比較多的散戶而已！

總而言之，如果要讓程式交易發揮克服人性的優勢，就必須得有一套排除人為情緒的系統化上下線標準，否則你所認為的理性程式交易，充其量也只是聽起來比較前衛的主觀交易罷了！

04

沒有下班時間的工作：
專職交易

很多人覺得炒股能賺很多錢，
所以前仆後繼地想進入這個市場試試手氣。
但他們不知道的是，光鮮亮麗的背後有著多少辛酸血淚。

交易就是一場耐力競賽，
能否有持之以恆的信念，永遠來自自己是否對它真的有愛。
如果僅僅為了逃避現實而加入，最終必會因為相同的原因而離開。

4-1

階級的真相

　　我心裡一直有個疑問：為何在我們的教育體系裡，學校永遠不教有關賺錢的事？

　　在學校裡，我們拚了命地學習一堆日常生活中幾乎都用不到的學科。反觀「賺錢」這件事，它是每個人畢生都會面臨的難題之一，在我們求學的階段卻好像刻意被遺忘似的，從來沒有人和我們提過。是錢太俗氣嗎？還是真正會賺錢的人根本不在學校裡？

　　我知道，可能很多人會說，教育本來就不是為了賺錢，而是為了讓我們成為一名有文化水準的人。但

你可知道，**所謂的「教育」，其實就是資本家對大眾洗腦的過程，它能徹底抹除人們與生俱來的創造力，進而使群眾的思想趨於一致。**

我們在學生時期最常聽到的一句話就是：「學生的本分就是讀書。」

至於為什麼要讀書，因為：

「你要好好念書，考上名校後，未來才更容易進大企業上班。」

「你連書都念不好了，我看你之後大概也只能去餐廳端盤子。」

「我們省吃儉用供你讀書上學，你現在卻跑去搞藝術，對得起我們嗎？」

看見了嗎？在上述這些日常生活常見的期許中，那些高聲疾呼教育是為了陶冶文化的人，其實到最後壓根兒還是只在乎：「你能賺多少錢？」

當然，也不能就這樣一竿子打翻「教育」這件事的重要性。若由「教育能穩定社會」的功能來看，它著實功不可沒。畢竟，學校除了教會我們學科知識外，其實更重要的是養成一個正常人的倫理道德思維。也正因如此，所有受過常規教育的人，幾乎都不會爲了賺錢去偷拐搶騙、燒殺擄掠，但眞的僅此而已。

◉ 開拓力與創造思維讓階級流動

不同的階級思維會在各自的家庭裡世代傳承。比如：「當公務員至少可以穩定過生活」「不要標新立異，按部就班就好」等等。因爲思考的複製，造成階級的不流動。所以，當你開始有「我要在某間公司待一輩子」的想法出現，從那一刻起，你就已經掉入「受薪階級」的迴圈裡，而這樣的思維也會自然而然傳遞

給你的下一代。這就是陷阱。

　　你或許會說，隨著網際網路的發達，獲取知識的途徑早就不限於學校，想脫離固化的階級，哪有那麼難？問題是當前你所吸收到的是怎樣的知識？是被包裝過的，還是當權者想透過媒體餵食給你的？

　　我認為當今這個世道，**只有從事具有「創造力」或「業務力」的工作才能促使階級流動，比如專職交易者、創業家、高獎金的業務人員**。而這 3 種人的共同特性就是，**他們都不甘於穩定的現狀，而是心甘情願地為自己的行為負責，為自己創造更高的價值。**

　　交易員與創業者的思維必須是開拓且富有創造性的，不願意被束縛是他們的共同特徵，而這也造就了階級流動的契機，甚至讓他們成為得以制訂社會運作規則的頂級掠奪者。

　　你可能會認為，或許這就是所謂的「80 / 20 法

則」，但事實的眞相是，這樣的說法可能過於樂觀。也許透過教育，我們能從後段班爬升到前段班，但即使到了前面的 20％，我們可能依舊是被更頂層（前5％）奴役的一群人。試想，如果受教育能讓剩下 95％的人學會如何賺錢，那誰來繼續爲他們當各司其職的社畜？所以控制教育，就是他們的手段之一。

除此之外，爲了使利益永遠穩固，想方設法擴大貧富差距，自然就成了這些頂級掠奪者的當務之急。其中最常見的方式就是「炒房」。由於華人圈有土斯有財的傳統觀念根深柢固，導致許多現代人認爲「背房貸」就如同「存錢」一樣是種美德。

我認爲那些好不容易攢夠頭期款就馬上跑去貸款買房子的人，無疑是把命運的主導權交給房價。未來，你將會爲了每個月要繳的房貸而不敢輕易離職，甚至會爲了保有工作而選擇委曲求全；未來，你將

會為了每個月要繳的房貸，在投資機會來臨時躊躇不前，以致和許多翻身的機會無緣。

所以，**千萬別在該放手一搏的年紀輕易買房，否則你買到的將會是囚禁你生活的枷鎖，以及阻撓你這輩子翻身的牢籠**。這，就是階級的真相。

4-2

我可不可以專職交易？

　　我時常收到一些網友來信詢問：

　　「這是我這幾個月的對帳單，請問我是否該專職交易？」
　　「請問要存到多少錢才能專職交易？」

　　每當經歷一波市場多頭後，類似的問題就會如雨後春筍般出現。看著大家滿腔熱血的樣子，我也不好意思直接潑誰冷水，所以我多半只會以「加油」2個字

帶過。

　　這並不代表我否定他們的操盤能力，而是我認為，如果這樣的問題還會從你口中說出，那就代表你的內心仍有所顧慮，而「有所顧慮」正是專職交易人的致命傷。所以，我認為你可能還不適合專職交易。

　　以我自己為例。我從學生時期就開始接觸交易，一直到研究所準備畢業，我從來就沒有要到外面找工作的打算。我之所以能那麼篤定，原因就在於交易這件事我已持之以恆地做了好幾年，它不僅給了我該有的報償，也成為我生活上的重心。而且我很清楚，每當我在研究分析時，過程中所帶給我的樂趣是任何事都無法超越的。所以交易無庸置疑就是我的畢生之志。既然如此，我又何須再找一個朝九晚五的工作呢？

　　再來，若我到外面工作，以現在碩士社會新鮮人

平均起薪 36,000 元來說，若保底 14 個月，1 年大約可以賺到 50 萬左右。而當時的我，若回推過去 3 年的交易績效，平均每個月可以靠短線交易在股市中獲利 30 萬，1 年的話就是 360 萬，足足是我去外面上班薪資的 7 倍多。如此懸殊的差距，我相信任誰來選，都不會選擇到外面上班吧？因此，我從來不曾向別人詢問：「我可以專職交易嗎？」因為對我來說，這個問題的答案實在太顯而易見。

　　能不能專職交易從來就不是誰說了算，等到時機成熟，市場自然會給你一個堅定的答案，一個讓你義無反顧辭去工作、擁抱自由的答案。

4-3

我想成為專職交易者！
不，你其實只是不想上班

　　「周一早上 8 點，鬧鐘響起，陽光透過臥室裡的大片落地窗，隔著半透明的紗簾，金沙似地灑落在你的床緣。你帶著前晚在高級私人會所狂歡後的倦意醒來，拖著沉重的步伐下床，意興闌珊地走向那台你已賴以維生多年的 Expresso 義式濃縮咖啡機。按下啟動鍵後，伴隨著機器運轉的嗡嗡聲，你面容呆滯，似乎尚未從幾小時前那紙醉金迷的世界中回過神來。宿醉牽引出的頭疼，不斷地衝擊著你的腦門。於是你轉身

走向浴室，試圖透過晨間盥洗讓自己清醒一點。在洗手台前，鏡子裡映射出的是那個睡眼惺忪的自己，你和鏡子裡的人對視了幾秒，心想，反正我就是自己的老闆，不如今天就給自己放個假吧！」

上述情境，應該是許多人嚮往的生活樣態。不僅不用逼自己在清晨 6 點鐘下床盥洗，只為了準時到公司打卡，更可以隨心所欲地決定今日的出勤與否。

所以，很多人總下意識地認為，也許「專職交易者」就是過著這樣的生活。

畢竟對一般人來說，專職交易了不起就是一個用滑鼠在買進與賣出鍵上點一點，獲利就會滾滾而來的工作罷了。不耗體力、報酬高昂、時間自由，你說天底下究竟還有什麼工作比專職交易更令人稱羨？

好了，如果看到這裡切中你心，那我必須誠實地

告訴你，專職交易者的生活真的並非大家想像中那般容易與愜意。

◫ 看似不用上班，其實是無法下班

自從 2020 年初接受《財訊》的專訪後，隨著媒體曝光，我開始陸陸續續收到很多朋友們的來信。大多都是想請教我：如何才能成為一名在家工作的專職交易者？

我發現這些人普遍都是這樣想的：「我在外面上班要死要活也沒賺多少錢，你在家隨便點一點就能日進斗金，不如我也來炒股看看好了！」

我一直覺得，這是非常不健康的心態。我認為，無論做什麼工作，一定要擇己所愛、愛己所擇。畢竟人生苦短，我們一輩子可能有一半的時間都在工作，

如果工作做得不開心，生活又怎麼會快樂？

　　很多人覺得炒股能賺很多錢，所以前仆後繼地想進入這個市場試試手氣。但他們不知道的是，光鮮亮麗的背後有著多少辛酸血淚。要成為一名交易員很簡單，只要有一台電腦、一只滑鼠、一條網路線、一個券商帳號，你就是交易員；但要成為一名「穩定獲利的交易員」，絕對不是上了一堂課、看了一本書就能一蹴可及的。在金融交易的世界裡，沒有短期速成，只有經年累月的積累。

　　我認為想要專職交易的人大概可以分為 2 種：一種是真心熱愛股市的人，另一種則是單純想逃避現實的人。

　　真心熱愛股市的人，大多會選擇鴨子划水，利用工作之餘的休閒時間不斷精進自己的市場閱歷。也因為如此，他們深知這個市場的山有多高、水有多深，

所以在績效尚未穩定之前，從不貿然離開自己的工作崗位。

至於那些想逃避現實的人，大多對金融交易毫無經驗。他們想從事金融交易，僅僅是因為不喜歡現在的工作。這些人往往把交易這件事想得過於簡單，總覺得不就是股票？是能有多難？趕快離職一起來炒股才是王道。

交易就是一場耐力競賽，能否有持之以恆的信念，永遠來自自己是否對它真的有愛。如果僅僅為了逃避現實而加入，最終必會因為相同的原因而離開。

我也曾經被很多人說過：「你都不用上班，在家裡點一點滑鼠就有錢賺，真爽。」

我實在不懂這些人為什麼會有如此天真的想法。

其實「專職交易」和「一般上班族」，就是「自雇者」與「受雇者」的差別而已：前者為自己負責，

後者為公司裡的主管或老闆負責。而所謂的「不用上班」，正確來說應該是：「不會有人盯著你上班」。

國內外很多交易經典都提過：「自律」是成功交易員最不可或缺的一環。最常見的「自律」，指的是在執行交易時的自我規範。比如：堅決停損、果敢搶進。如果你不夠自律，總是在該停損時瞻前顧後，爆倉肯定也只是遲早的事。

當然，除了執行交易時的自律，生活上也必須自律。那些認為專職交易後就可以隨心所欲的人，很顯然就是一群不自律的人，所以才會對專職交易的生活有著錯誤的期待。

我認識很多厲害的專職交易員不僅生活自律，工作態度更是不在話下。只要股市有開盤，他們就一定會在電腦前盯滿整整 5 個小時。當然，我也不例外。

或許你會說：「那也才 5 小時啊！我們上班族

可是每天都坐滿 8 小時呢！你們再怎樣還是比較輕鬆啦！」

　　誰說只有 5 小時？這裡說的 5 小時，僅僅是盯盤時間。還不包含收盤後的交易檢討、研究報告的分析彙整、時事新聞的動態追蹤、策略開發的回測研究……若把這些零零總總的例行公事相加，我相信一定遠遠超過 8 小時。

　　專職交易員並不像正常上班族，下班時間一到，打了卡後就可以一走了之。金融市場瞬息萬變，世界上無時無刻都發生著影響行情的各種政經事件。不說你可能不知道，許多專職交易員都因失眠或淺眠所苦，這絕對是一般人難以體會的。

　　所以，專職交易人看似不用上班，真實的情況卻是……

　　專職交易人從來沒有下班過。

《後記》

願這本書，
也能改變你的操盤人生

　　20 出頭時，我對於成功人生的定義是財富，直到今年 30 而立，我從幾位交易前輩（快樂操盤人小梁、自由人李堯勳⋯⋯）的身上看見，真正的成功不是你賺了多少錢，而是這輩子，多少人因為你的存在而改變了一生。

　　在寫作的過程中，曾經有很多人問我，究竟寫這本書的目的是什麼？一般我都是這麼回答的：「人不能永生，但精神可以長存，而出書就是最好的傳世方式。」所以我期許自己能透過書裡的文字，帶給看見它

的每一個人一點啓發。

自從 2021 年有幸接受《財訊》的專訪後，我自己
所經營的 Facebook 粉絲專頁「Mgk 的投機世界——炒
股、生活、美食」追蹤人數也開始水漲船高，隨之而
來的便是國內各大出版社的寫作邀約。還記得，當時
市場行情正熱，多數的出版社都想趁著這波熱潮，要
我寫關於年輕人如何靠現股當沖迅速致富的主題，且
多半希望以坊間常見的聳動標題作爲書名，比如：「30
歲靠現股當沖賺 5000 萬」「當沖 SOP 超簡單」等等。

我當然知道，越聳動、越顯得事情簡單容易的
書名，是創造書本銷量的關鍵密碼。若我是一名職業
作家，我想這些勢必都是我在寫作時必須掌握的路數
與要點之一，畢竟作品的銷量直接攸關了自己的生
計。但今天，我是一名在市場上跌撞磕碰多年的專職
交易人，我深知操盤這條路，一路走來有多麼艱辛。

所以，若要我為了書本的銷量，把操盤這件事講得容易、說得簡單，那我還真的辦不到。我想，這很可能就是操盤手骨子裡不願屈就於現實的那一絲傲氣與堅持吧！所以在此，我想特別感謝今周刊出版的所有協作同仁，能在商業銷量與作者理想的天秤上更傾向於後者，讓我得以恣意揮灑、放縱直言地完成本書，只願有緣人透過本書能有一絲收穫。

最後，我想感謝我的家人、朋友，以及所有愛我的人，沒有你們的存在便不會有現在的我，也感謝在我生命中點燃我的每一個人。同時也恭喜自己，完成了20 出頭時的誑語：「我要在 30 歲時出一本書！」

I made it ！

國家圖書館出版品預行編目 (CIP) 資料

我炒的是人生，不是股票！：運用投機者的脫貧思維，打造屬於你
的自由人生 = 葛瀚中 (Mgk) 著 . -- 初版 . -- 臺北市：今周刊出版
社股份有限公司 , 2022.12
256 面；14.8X21 公分 . -- (投資贏家 ; 64)
ISBN 978-626-7014-83-7(平裝)

1.CST: 投資理論 2.CST: 投資技術

563.52   111017338

投資贏家 64

我炒的是人生，不是股票！

運用投機者的脫貧思維，打造屬於你的自由人生

作　　　者	葛瀚中 (Mgk)
主　　　編	蔡緯蓉
總 編 輯	許訓彰
校　　　對	李雁文
封面設計	萬勝安
內文排版	陳姿仔

行銷經理	胡弘一
企畫主任	朱安棋
行銷企畫	林律涵、林苡蓁
印　　　務	詹夏深

發 行 人	梁永煌
社　　　長	謝春滿

出 版 者	今周刊出版社股份有限公司
地　　　址	台北市中山區南京東路一段 96 號 8 樓
電　　　話	886-2-2581-6196
傳　　　真	886-2-2531-6438
讀者專線	886-2-2581-6196 轉 1
劃撥帳號	19865054
戶　　　名	今周刊出版社股份有限公司
網　　　址	http://www.businesstoday.com.tw

總 經 銷	大和書報股份有限公司
製版印刷	緯峰印刷股份有限公司
初版一刷	2022 年 12 月
初版十一刷	2024 年 5 月
定　　　價	360 元

Investment

Investment